第十三册

欽定西清硯譜目錄

此行低一格

第十三册

此行移入上一行 册字下空一格寫

石之屬

以下皆低二格

宋紫端太平有象硯

宋紫端涵星硯

宋紫端石渠硯 延春閣

宋紫端雲腴硯

宋蕉白七子硯

欽定西清硯譜

宋蕉白太素硯

宋蕉白文瀾硯

宋綠端蘭亭硯

宋龍尾石涵星硯 澄虛榭

宋紫端太平有象硯正面圖 繪圖十分之八

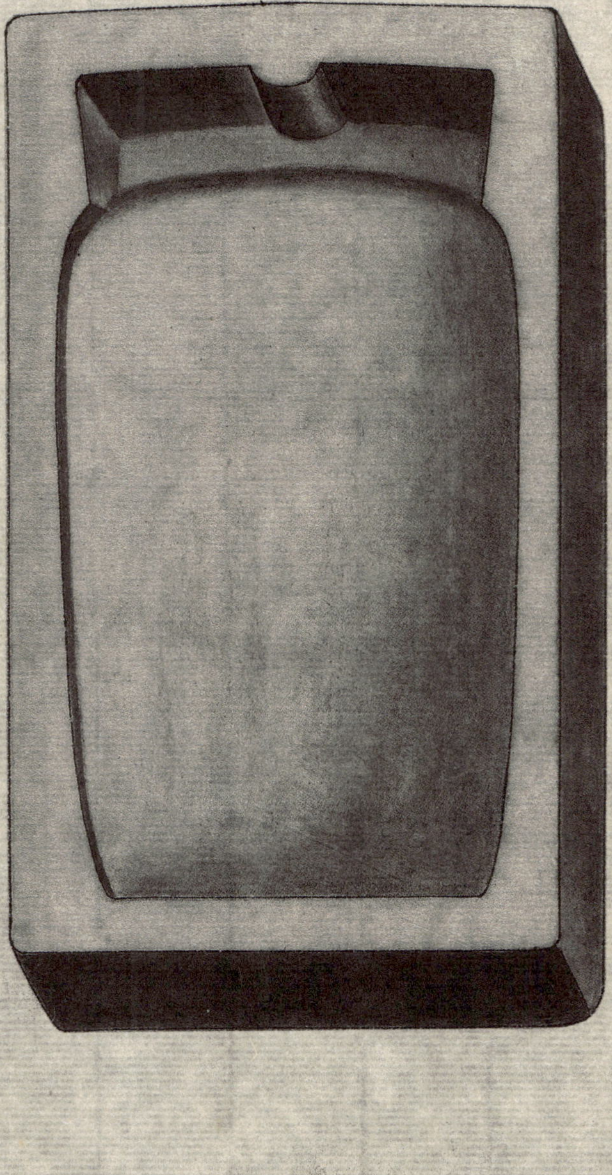

宋紫端太平有象硯背面圖

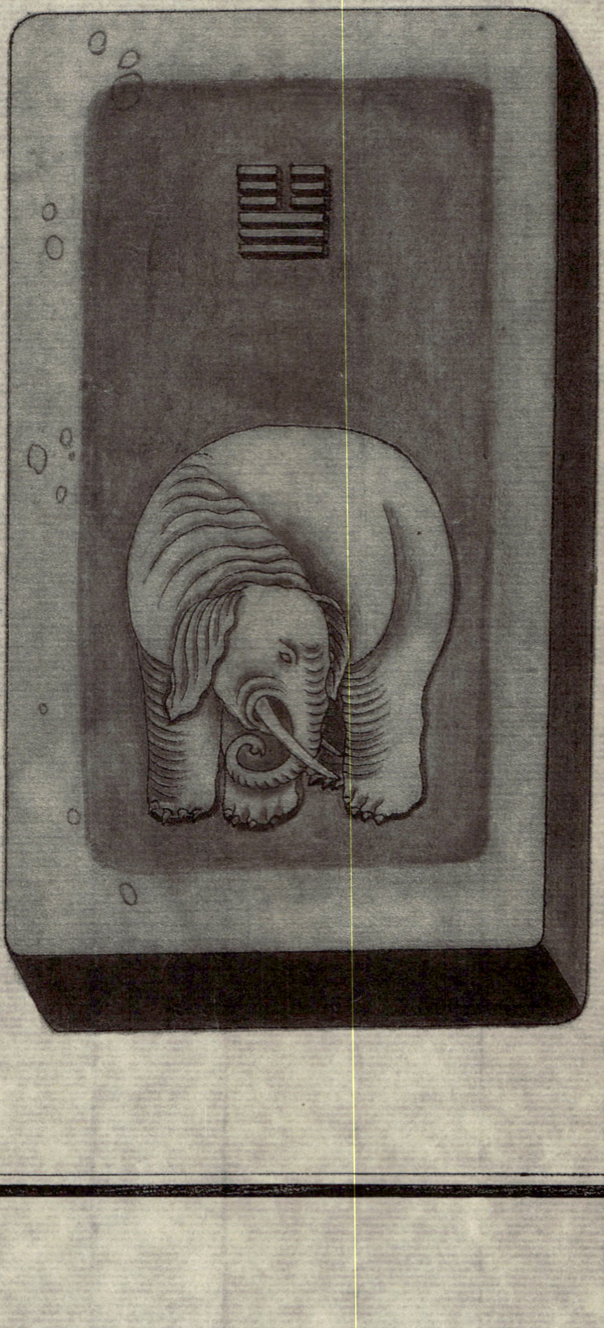

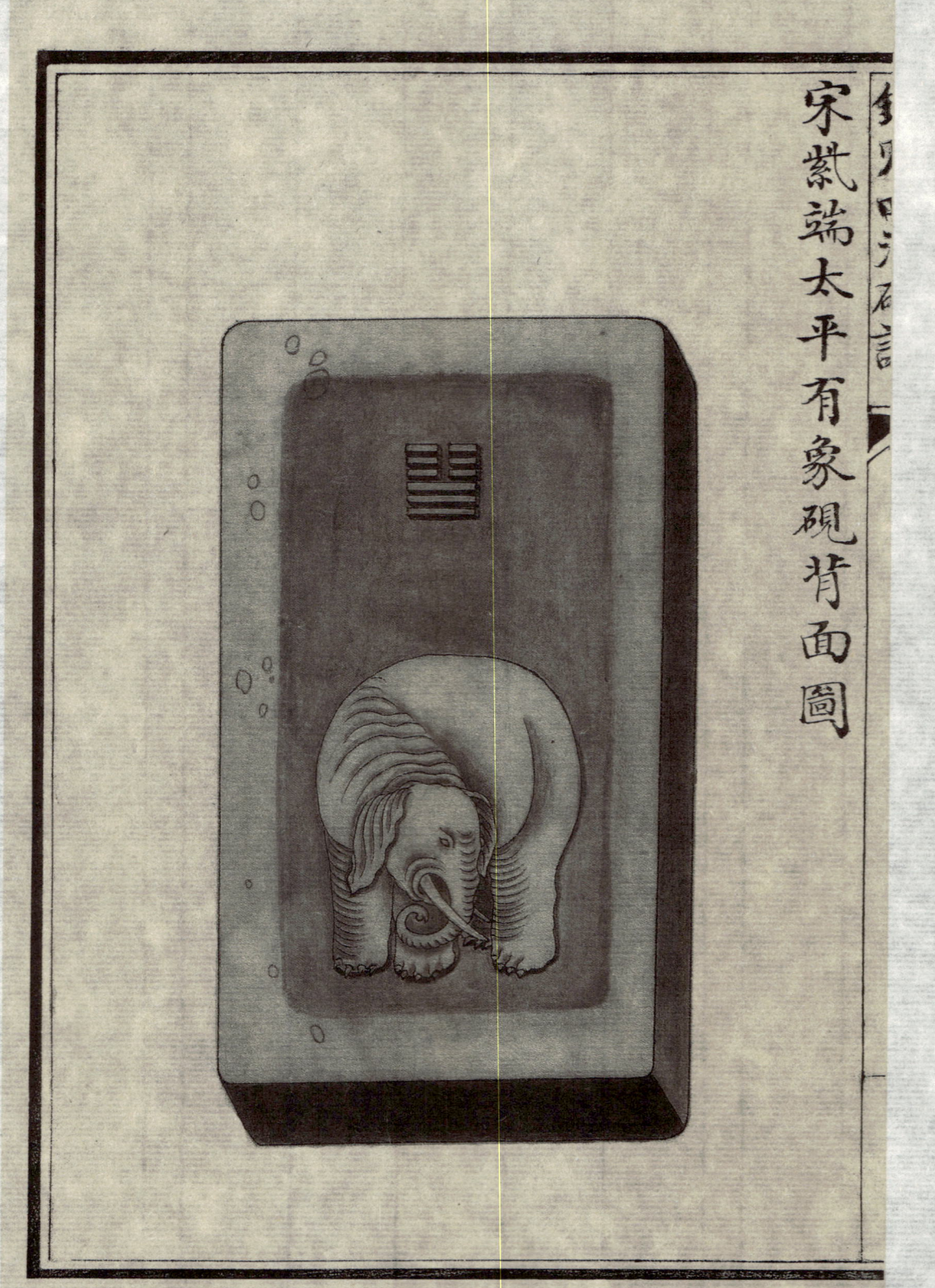

宋紫端太平有象硯上方側面圖

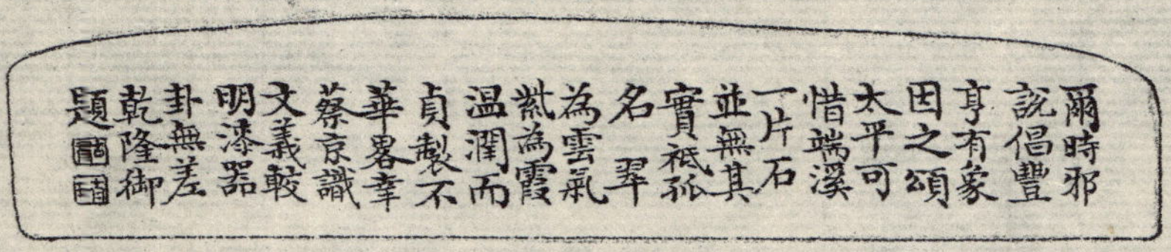
爾時邪說倡豐亨有象因之頌太平可惜端溪一片石並無其實祗孤名翠為雲氣紫為霞溫潤而貞製不華署章蔡京識文義較明漆器卦無差
乾隆御題

宋紫端太平有象硯説

硯高六寸二分寬三寸五分厚七分宋老坑端石也色如紫玉極堅緻細膩受墨處為瓶形墨池為瓶口上方正中刻柱眼一如涵星徧體青花散布硯背及四側俱有剥蝕沙眼背上方刻泰卦爻象下刻象形甚古質上方側面鐫

御題詩二首楷書鈐寶二曰古香曰太璞匣蓋並鐫是詩隸書鈐寶二曰幾暇怡情曰得佳趣

御製題宋紫端太平有象硯

爾時邪說倡豐亨有象因之頌太平可惜端溪一片石

並無其實祇孤名

翠為雲氣紫為霞温潤而貞製不華略幸蔡京識文義

較明漆器卦無差

宋紫端滴星硯正面圖 繪圖十分之七

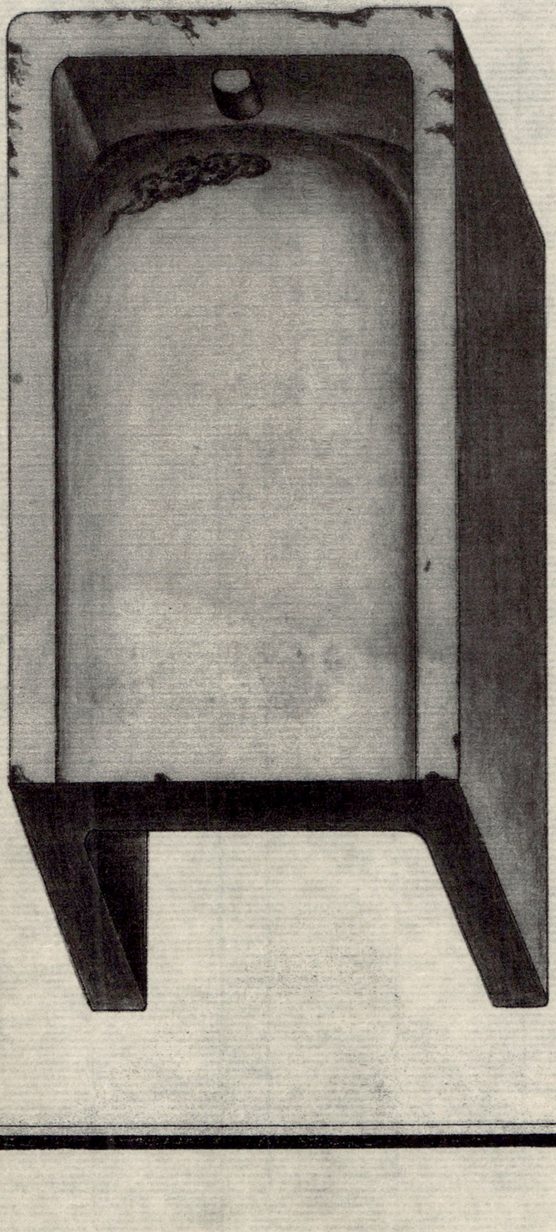

宋紫端涵星硯背面圖

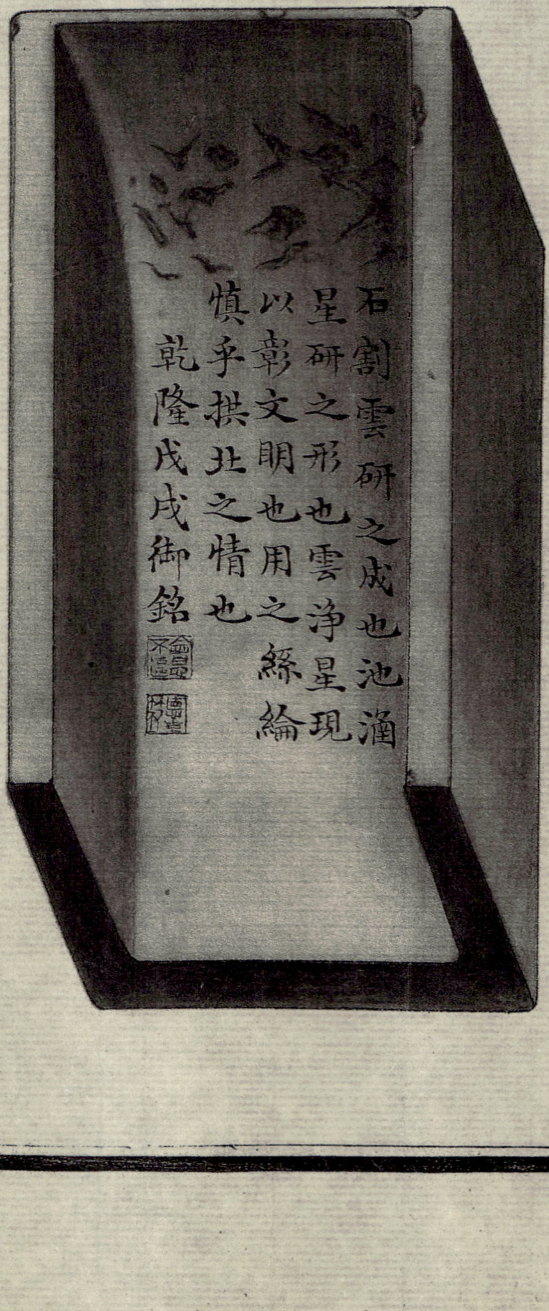

宋紫端涵星硯說

硯高五寸一分寬二寸九分厚一寸六分許長方式宋老阬端石色如猪肝受墨處微窪墨池中刻石柱一懸朗如星上方墨鏽斑駁天然古秀覆手亦有駁落兩蹴離几一寸三分許中鐫

御題銘一首楷書鈐寶二曰會心不遠曰德充符匣蓋並鐫是銘隸書鈐寶一曰幾暇怡情

御製宋紫端涵星硯銘

石割雲研之成也池涵星研之形也雲淨星現以彰文明也用之絲綸慎乎拱北之情也

宋紫端石渠硯正面圖 繪圖十分之九

七

宋紫端石渠硯背面圖

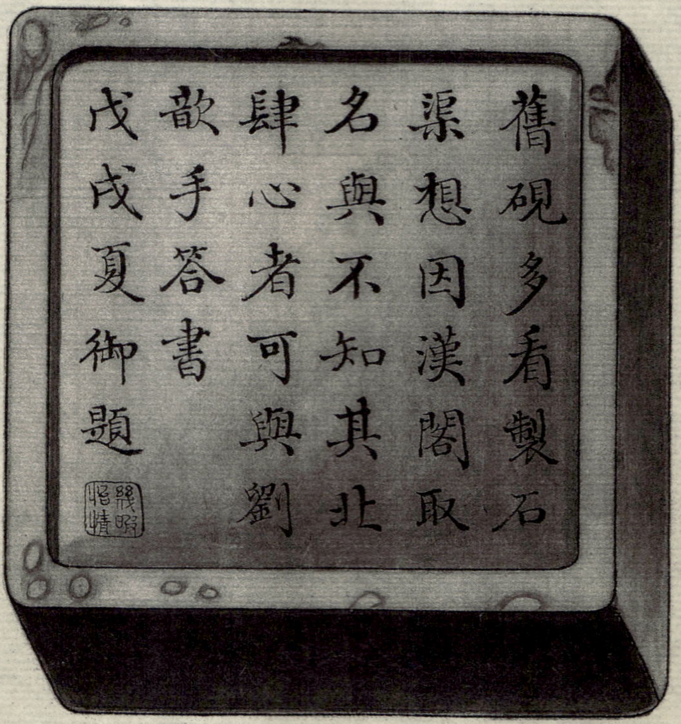
舊硯多看製石
渠想因漢閣取
名與不知其北
肆心者可與劉
歆手答書
戊戌夏御題
幾暇怡情

宋紫端石渠硯說

硯正方縱橫三寸一分許厚七分宋老坑端石色紫而有雀腦斑中為受墨處外環以渠池上方稍廣而深如四字形墨鏽濃厚覆手右跗微有缺蝕中鐫

御題詩一首楷書鈐寶一曰幾暇怡情匣蓋並鐫是詩隸書鈐寶二曰會心不遠曰德充符

御製題宋紫端石渠硯

舊硯多看製石渠想因漢閣取名與不知其北肆心者

可與劉歆手荅書

宋紫端雲腴硯正面圖 繪圖十分之七

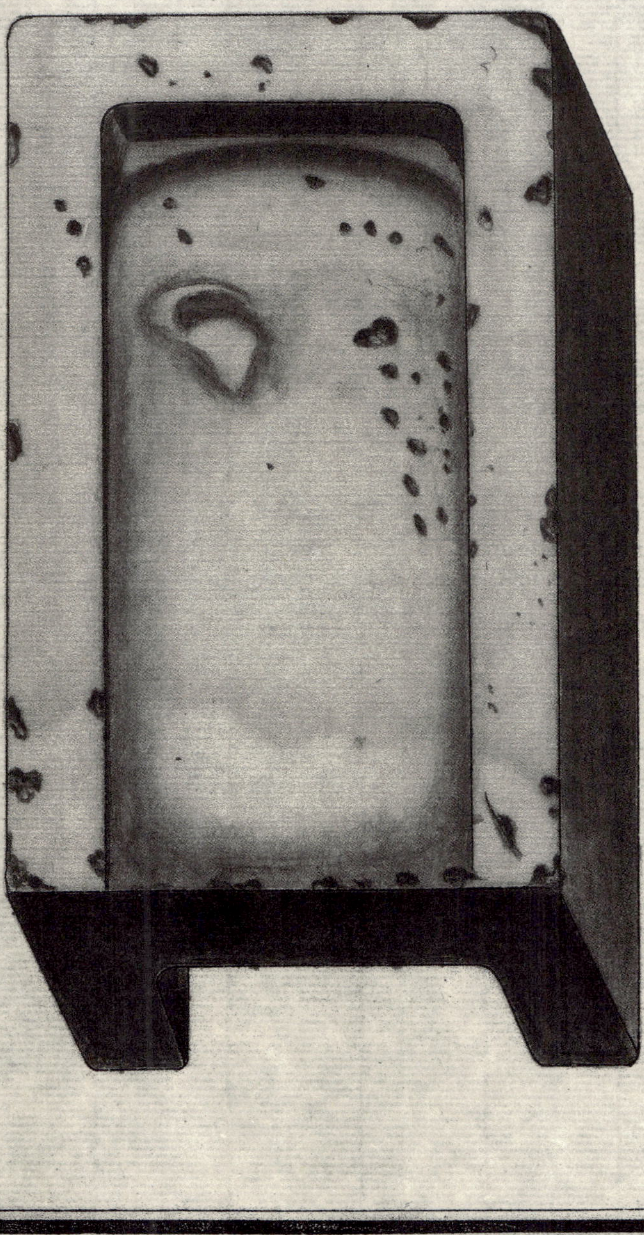

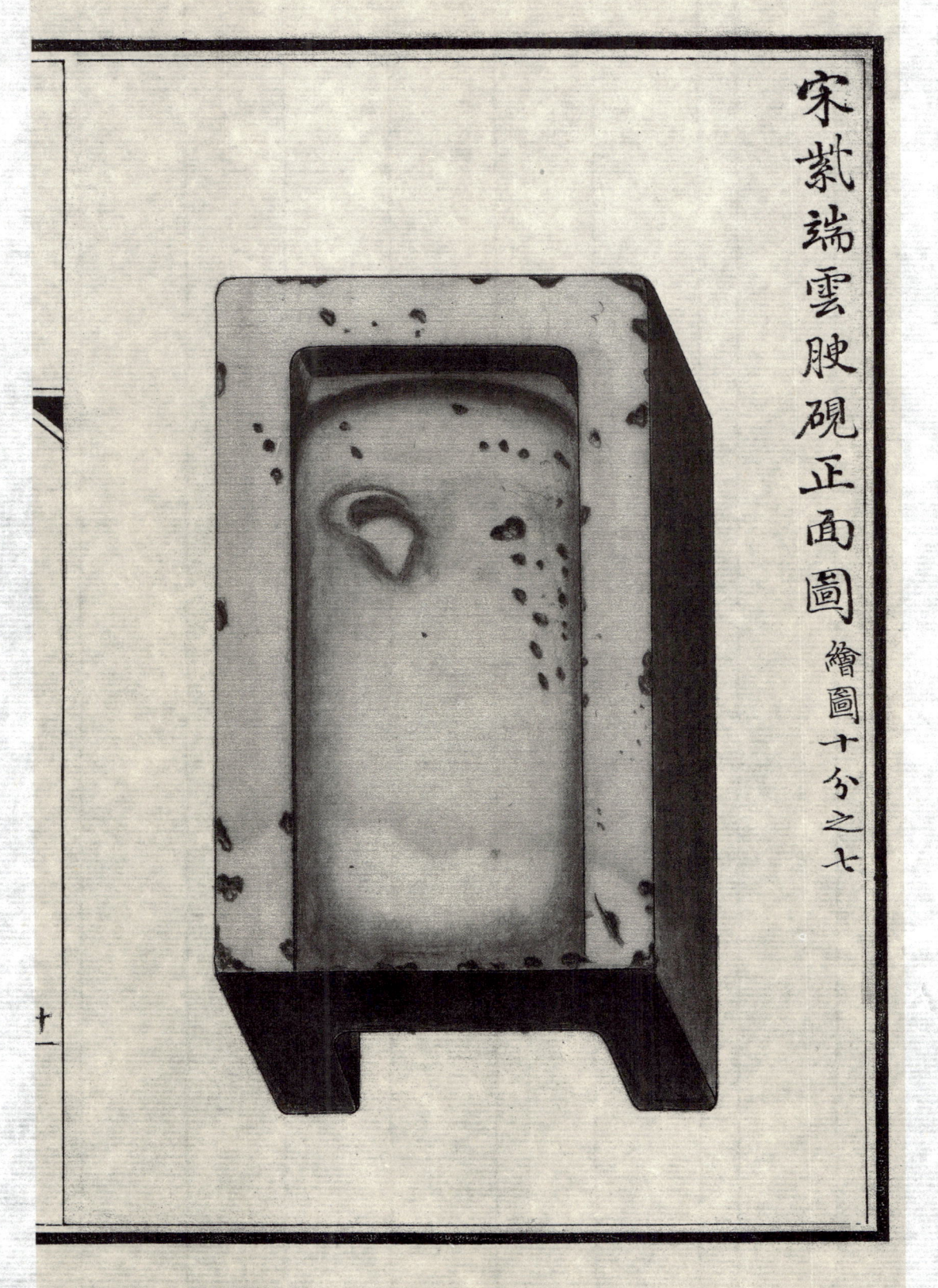

宋紫端雲腴硯背面圖

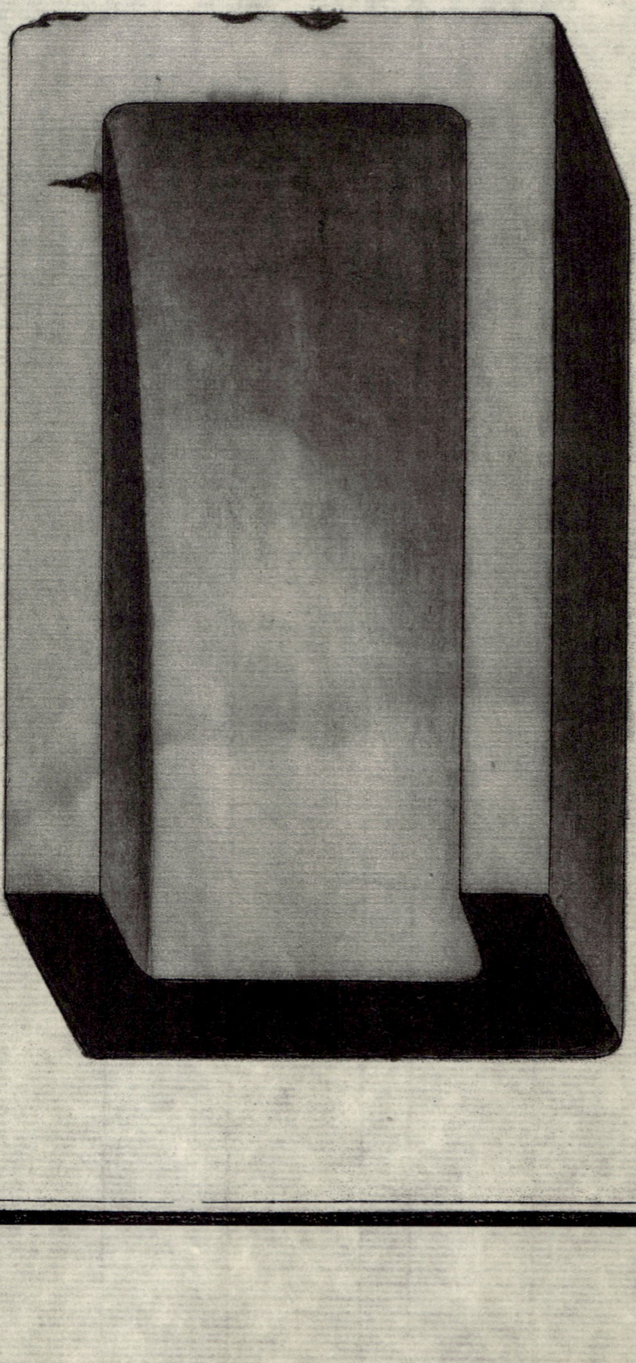

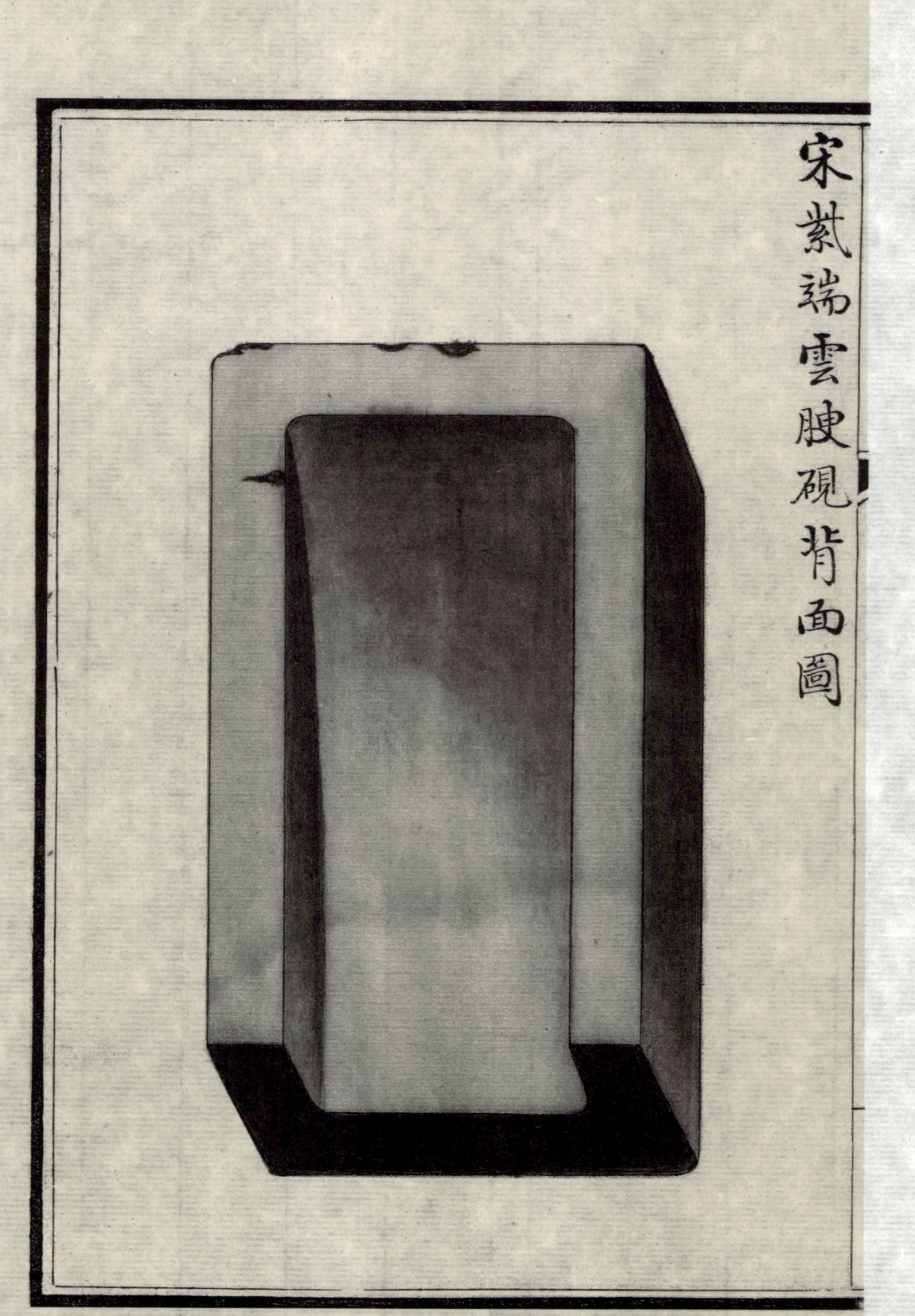

宋紫端雲腴硯上方側面圖

紫雲之割夫其誰耶道以為腴守墨池耶閱世幾百永年宜耶滴露研朱又一時耶綸綍是慎縈吾思耶乾隆戊戌夏御銘

十七

宋紫端雲腴硯說

硯高五寸九分寬三寸五分厚一寸四分宋老坑端石色如猪肝質亦極細琢為玉堂式受墨處上有石脉二點左大右小白如凝脂彌覺腴潤可愛通體微有剥蝕覆手自上削下兩跗離几七分許

上方側鐫

御題銘一首楷書鈐寶二曰比德曰朗潤匣蓋並鐫是銘隸書鈐寶二曰幾暇怡情曰得佳趣

御製宋紫端雲腴硯銘

紫雲之割夫其誰耶 道以為腴守墨池耶閱世幾百永年宜耶滴露研朱又一時耶綸綍是慎繄吾思耶

十二

宋蕉葉白七子硯正面圖 繪圖十分之七

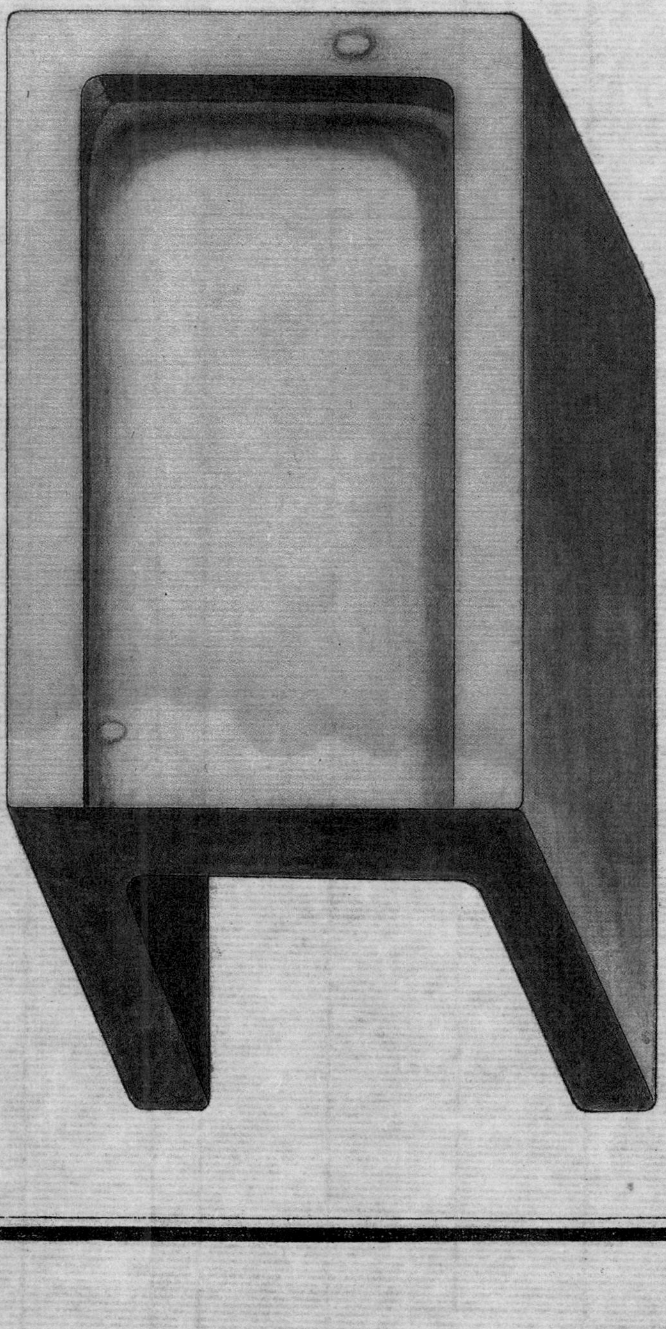

宋蕉葉白七子硯背面圖

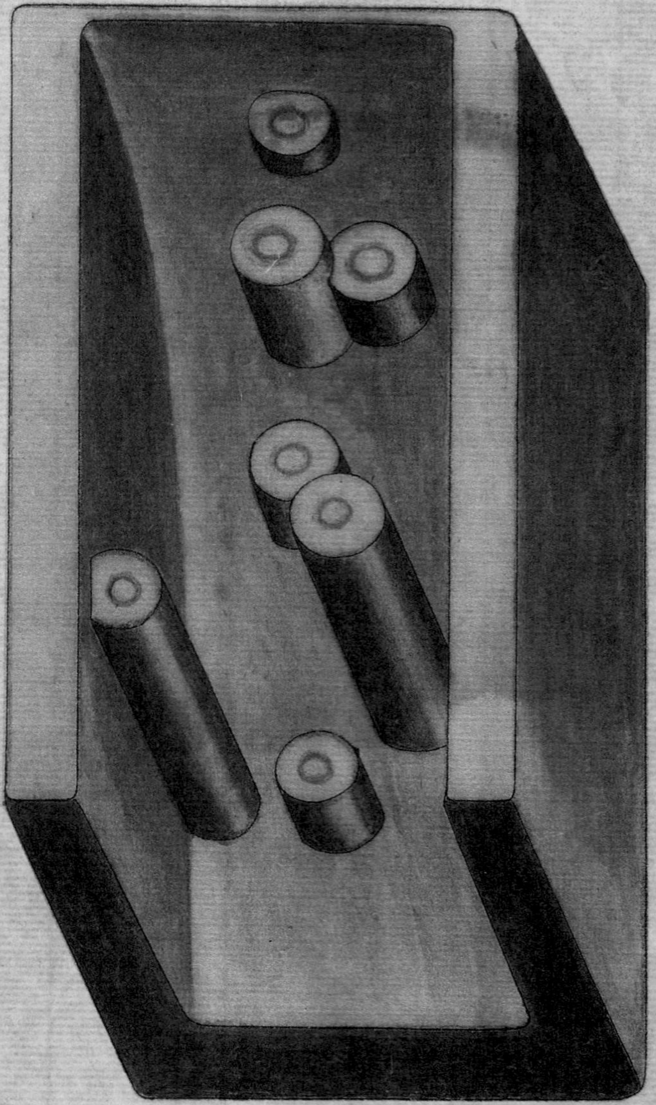

宋蕉葉白七子硯上方側面圖

蕉葉還因側
理為久堅發
墨故其宜設
如七子詢名
姓應是竹林
雅會時
乾隆戊戌夏
御題

十四

宋蕉(葉)白七子硯説

硯高五寸三分寬三寸三分厚二寸宋坑蕉葉白為之側理如羅紋墨池右上方及硯左下方左側俱有小鸜鵒眼一覆手刻柱七柱各有活眼上方側鐫

御題詩一首楷書鈐寶二曰幾暇怡情曰得佳趣匣蓋並鐫是詩隸書鈐寶同考昔人論宋硯所以能久而發墨大約取側理為之故硯體每厚

內府所藏宋硯形製無不皆然今人取材既薄只宜
平面用久即滑是硯採石既博而琢製尤精允推
上品

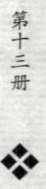

御製題宋蕉葉白七子硯

蕉葉還因側理為久堅發墨故其宜設如七子詢名姓

應是竹林雅會時

宋蕉白太素硯正面圖 繪圖十分之六

十七

宋蕉白太素硯背面圖

宋蕉白太素硯上方側面圖

磨礱圭角已全無太素循名若是乎漢晉碑文書未得合書二典緬唐虞

乾隆戊戌仲夏御題

宋蕉白太素硯說

硯高五寸八分寬三寸四分厚三寸宋水岩石之至佳者火捺層層襯起蕉白一片恰為硯面承墨處取材既精製作尤中窾要通體純素而磨礱之工觸手輭膩又其餘事矣昔人論水岩石以有眼為真而又以有眼為瘢是硯有瑜無瑕絕去雕飾渾樸古素著墨如以蠟塗釜光采豔發洵珍品也

側上方鐫

御題詩一首楷書鈐寶二曰會心不遠曰德充符匣蓋
並鐫是詩隸書鈐寶一曰乾隆宸翰

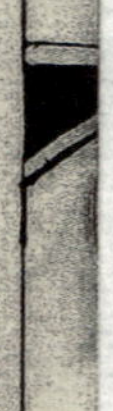

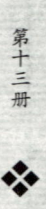

御製題宋蕉白太素硯

磨礲圭角已全無太素循名若是乎漢晉碑文書未得合書二典緬唐虞

宋蕉白文瀾硯正面圖 繪圖十分之六

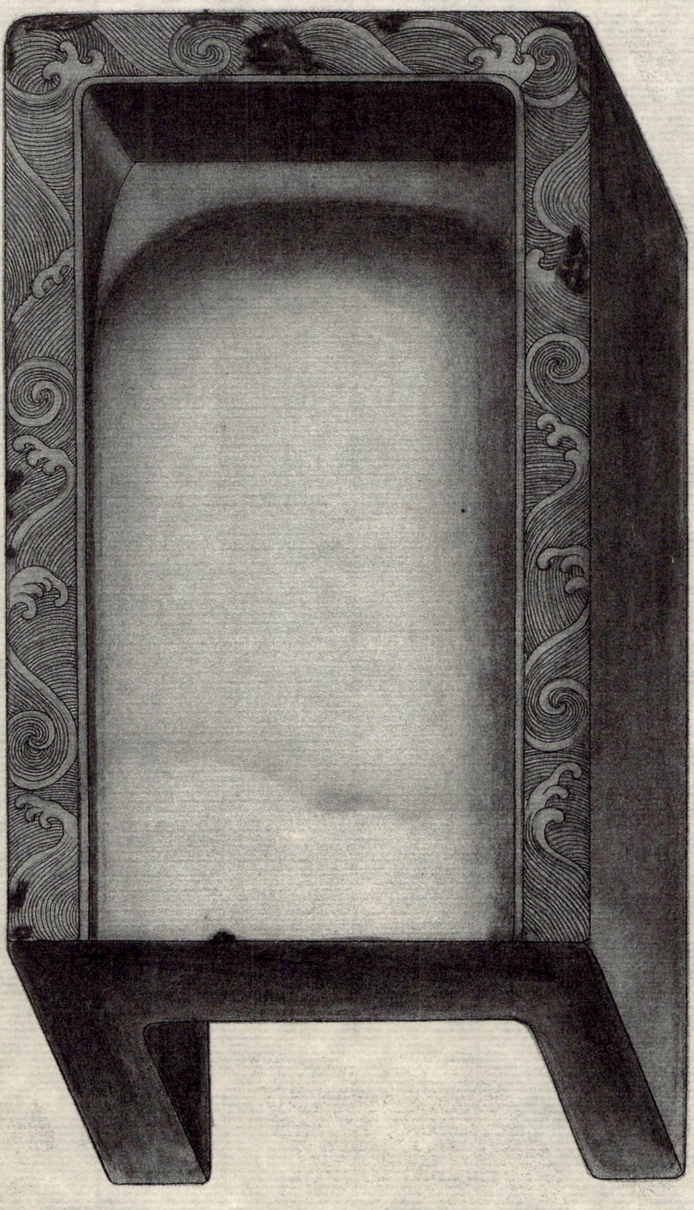

二十二

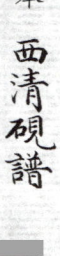

宋蕉白文瀾硯背面圖

宋蕉白文瀾硯上方側面圖

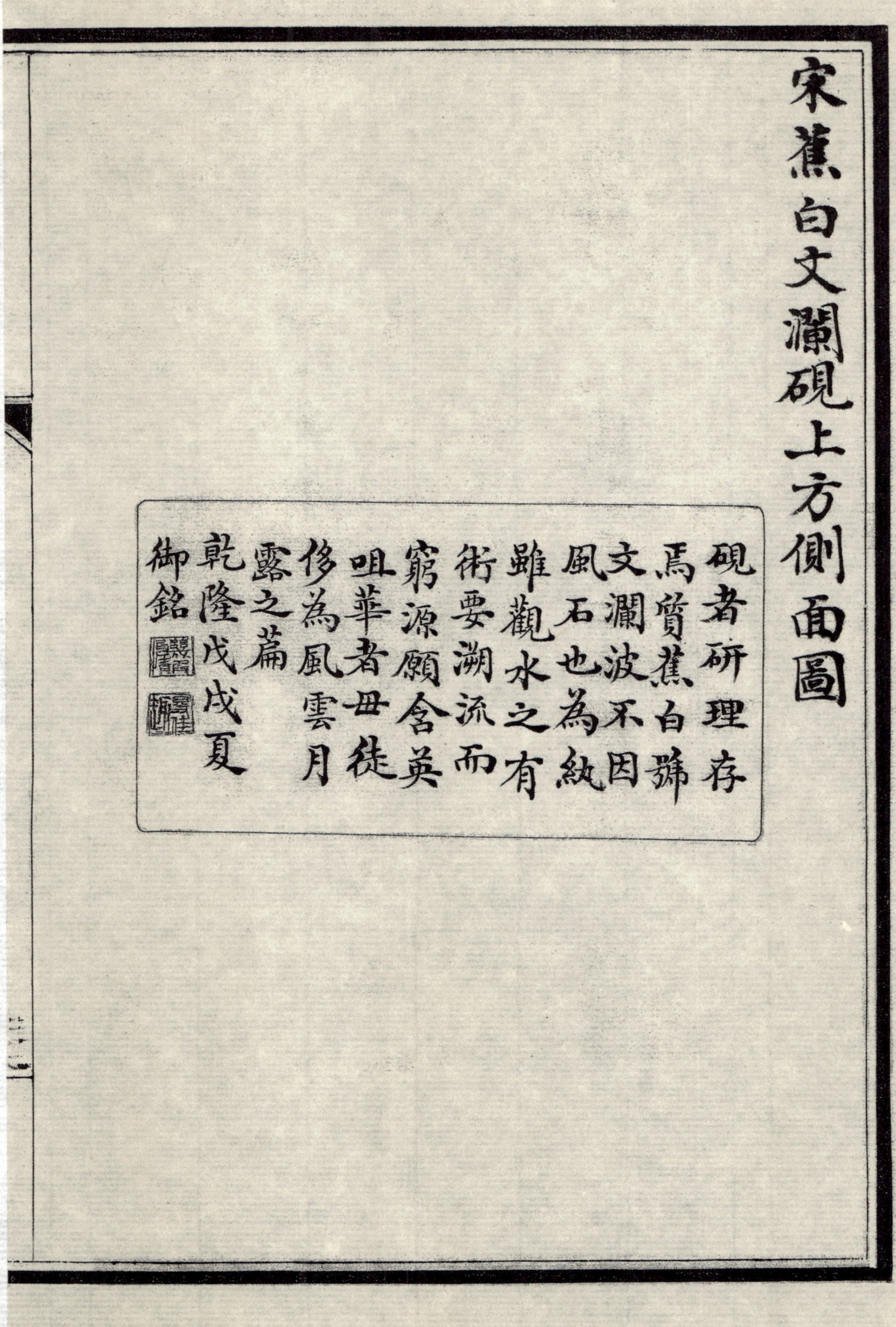
硯者研理存
焉質蕉白踊
文瀾波不因
風石也為紋
雖觀水之有
術要溯流而
窮源願含英
咀華者毋徒
侈為風雲月
露之篇
乾隆戊戌夏
御銘

宋蕉白文瀾硯說

硯高七寸寬四寸四分厚二寸宋端溪蕉葉白側

理爲之質極細潤墨鏽光瑩邉周刻波紋隱起刀

法圓活微有剥落覆手從上削下兩跗離几一寸

五分許上方側面鐫

御題銘一首楷書鈐寶二曰幾暇怡情曰得佳趣匣蓋

並鐫是銘隸書鈐寶二曰乾隆

御製宋蕉白文瀾硯銘

硯者研理存焉質蕉白號文瀾波不因風石也為紈雖

觀水之有術要溯流而窮源頋含英咀華者毋徒侈為

風雲月露之篇

宋綠端蘭亭硯正面圖 繪圖十分之五

宋綠端蘭亭硯背面圖

宋綠端蘭亭硯側面圖

宋緑端蘭亭硯説

硯橢圓式高七寸五分寛五寸五分厚二寸五分緑端宋製硯面及側面周刻蘭亭禊飲圖景硯面上方為亭翼然旁綴雲樹下有曲澗為墨池循池而右為樓閣院落一澗左右為橋二跨墨池中平坦處可受墨下散列屋宇籬落間植垂柳甘蕉側面通刻蘭亭全景橋亭樹石布置絶有章法人物行住坐卧精神意態種種生動恰合四十二賢之

數而攜琴捧硯司尊童子不與此數焉覆手自上
微削下深一寸五分刻高柳梢雲青蒲蔭渚鱗紋
隐起浴鵞翔集通體刀法圓勁精細如髮不減龍
眠白描之筆趺周鐫
御題詩一首楷書鈐寶一曰會心不遠匣蓋並鐫是詩
隸書鈐寶二曰幾暇怡情曰得佳趣謹案
内府藏蘭亭景硯佳者不乏皆畧寫大意惟此及景
定欵所刻為工而四十二賢俱入圖中此尤毫髮

無憾云

二十七

御製題宋緑端蘭亭硯

數典臨池禊帖宜故應圖景再三之王孫跋裏分明道

得骨得皮者阿誰

宋龍尾石涵星硯正面圖 繪圖十分之九

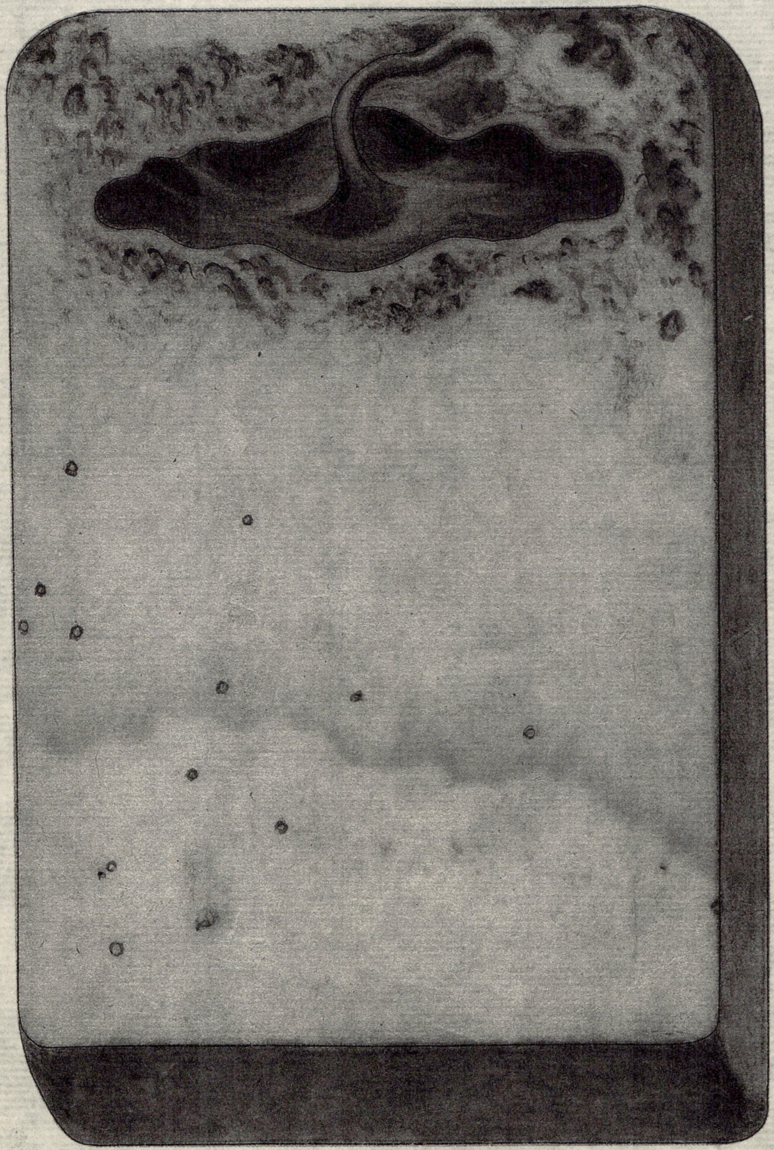

二十九

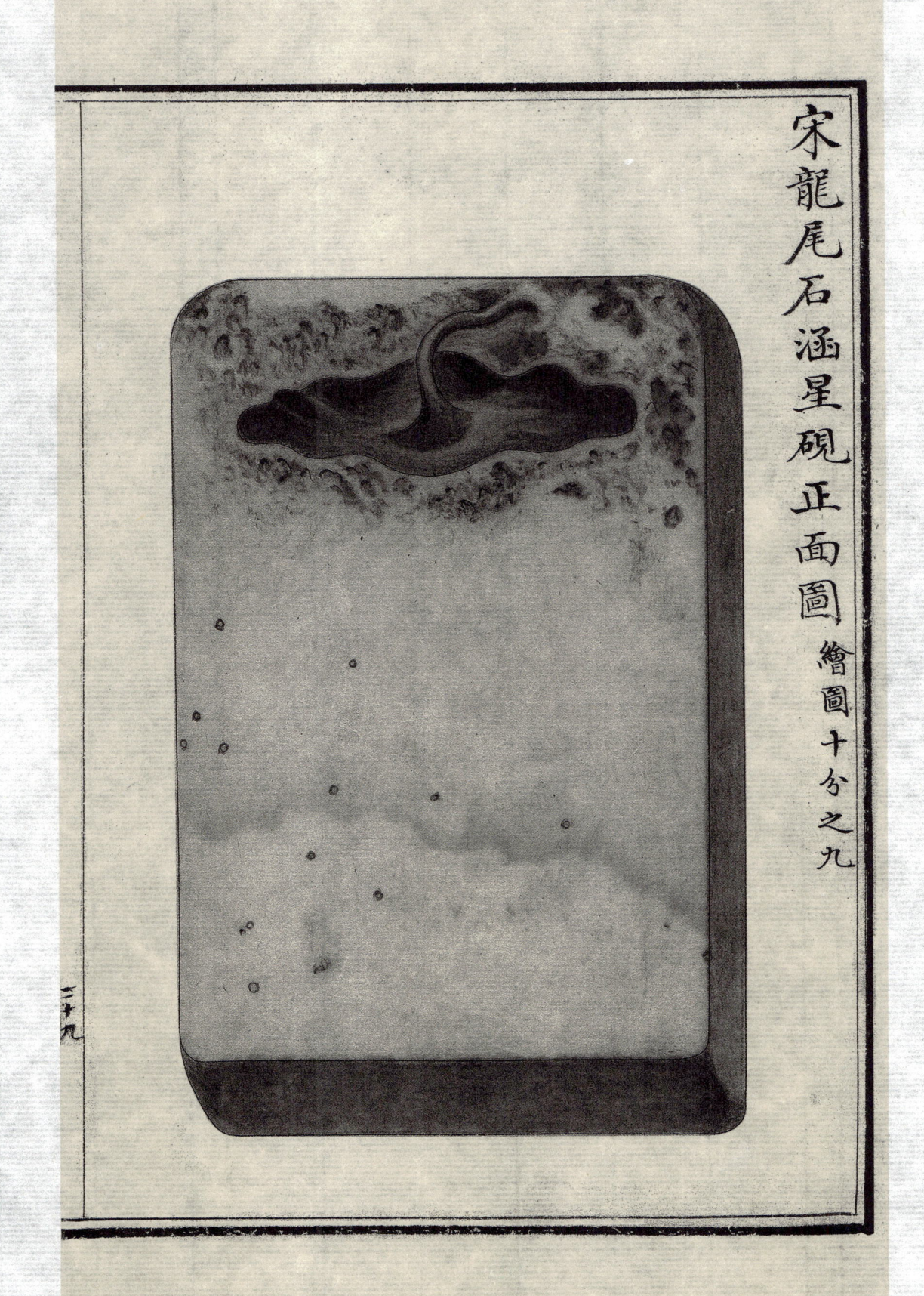

宋龍尾石涵星硯背面圖

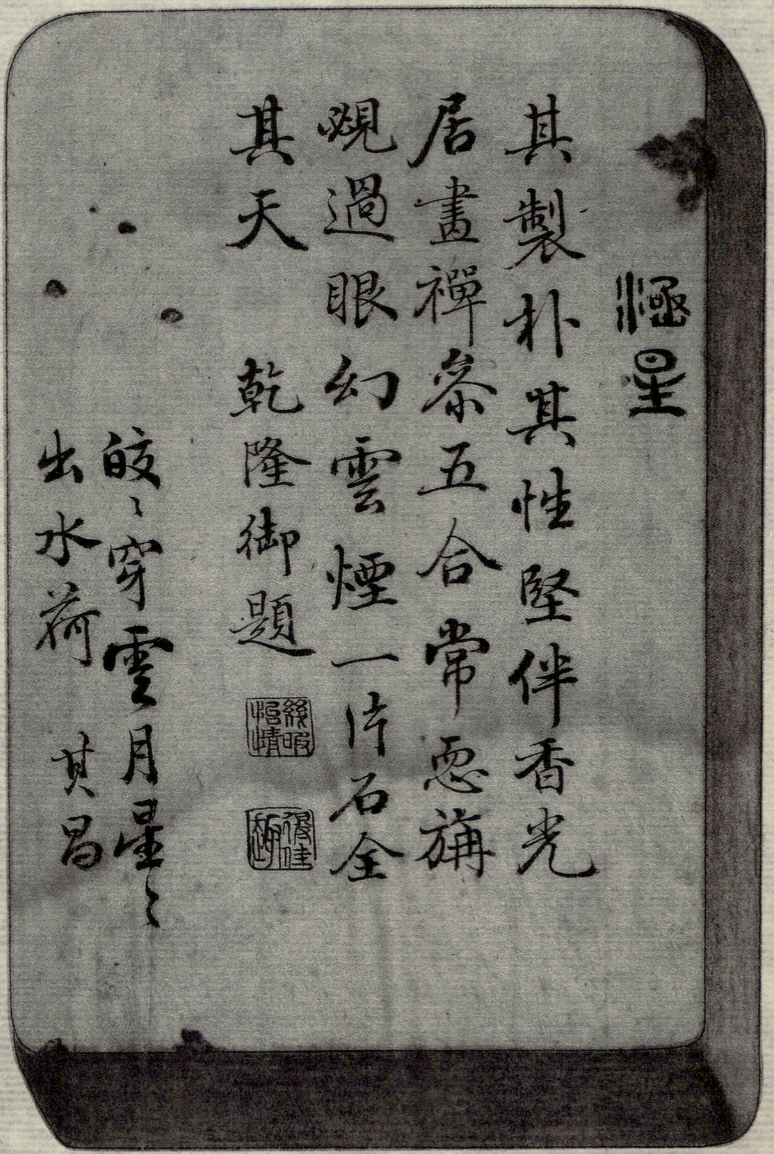

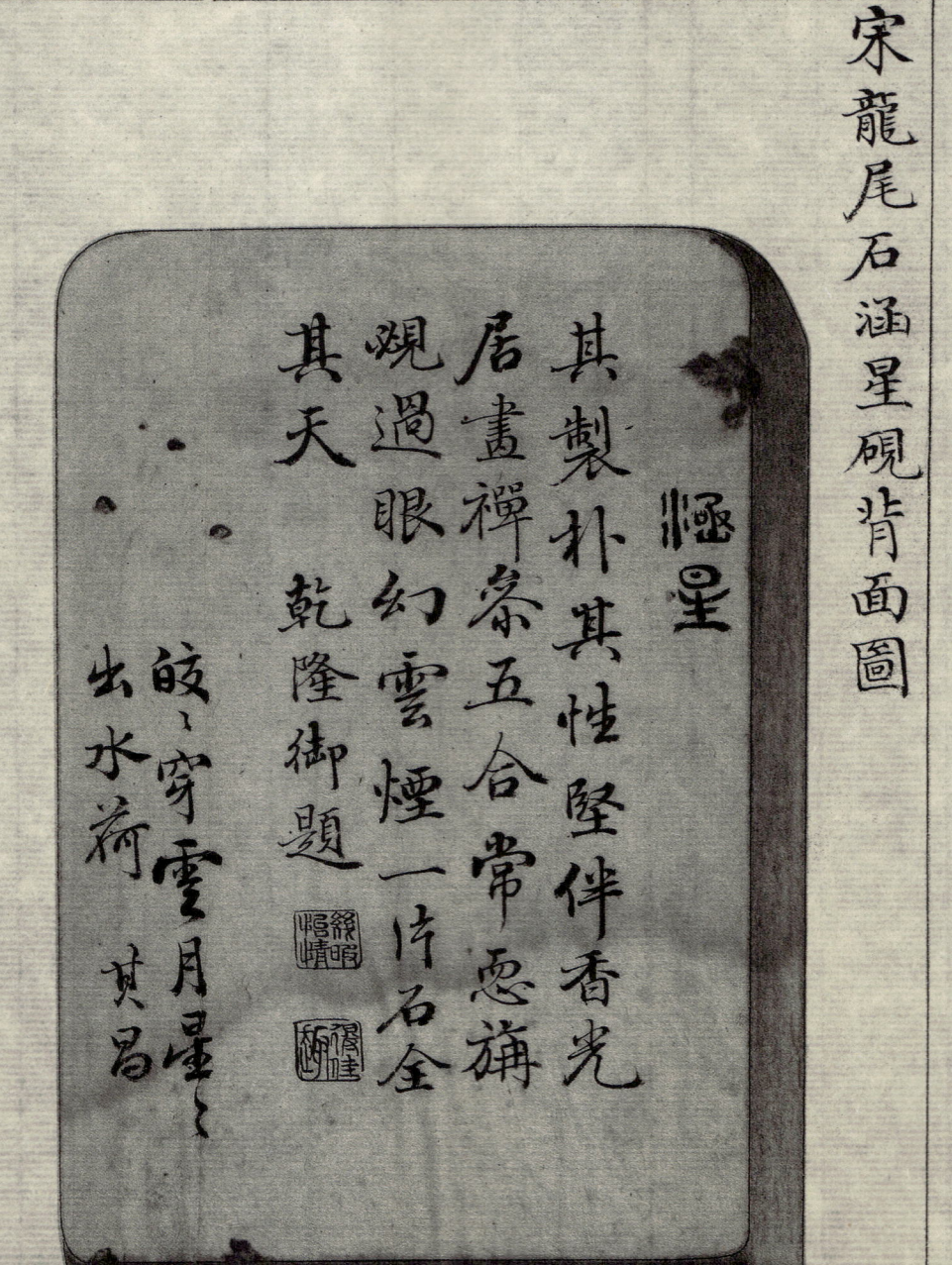

宋龍尾石涵星硯説

硯高五寸二分寛三寸五分厚七分歙龍尾石石色純黒密布銀星墨池刻作荷葉形碧筩倒垂入池亦樸亦雅硯背鐫楷書

御題銘一首楷書鈐寶二曰幾暇怡情曰得佳趣左方鐫行書董其昌銘十字款署其昌二字右方鐫篆書涵星二字是硯製作渾古且龍尾宋石流傳甚

光揮翰時已極珎惜迄今復閱二

奇物也硯匣蓋鐫行書

御題銘一首與硯同行書鈐寶一曰幾暇怡情匣底内鐫寶

一曰乾隆御玩

御製宋龍尾石涵星硯銘

其製朴其性堅伴香光居畫禪叅五合常悉揃覶過眼幻雲煙一片石全其天

元釋海雲端石硯

元凝松硯 乾清宫

明楊士奇舊端子石硯

明唐寅龍尾石瓦式硯 翠雲館

明李夢陽端石圭硯 賞皇十一子

宋牘村石泰交硯

正面圖 繪圖十分之六

宋蘐村石泰交硯

背面圖

既方而圓體合坤乾
吾因思泰交之義
而久具其說
於開泰之
篇無往
不復
是用懼
馬如意固
美驕志底蠲
吾是曰恒自勵乎
憪然
乾隆御銘

宋𦡭村石泰交硯説

硯高六寸七分寬六寸厚八分宋𦡭村石外方内圓硯首穹起合地天交泰之義覆手作如意形面背四周俱隨石質自然不加磨琢下方鐫

御題銘一首隸書鈐寶一曰德充符匣蓋並鐫是銘鈐(隸書)寶二曰幾暇怡情曰得佳趣

二

御製宋蕉村石泰交硯銘

既方而圓體合坤乾吾因思泰交之義而久具其說於開泰之篇無往不復是用懼焉如意固美驕志應蠲吾是以恒自勵乎憪然

三

宋蘘村石聽雨硯正面圖

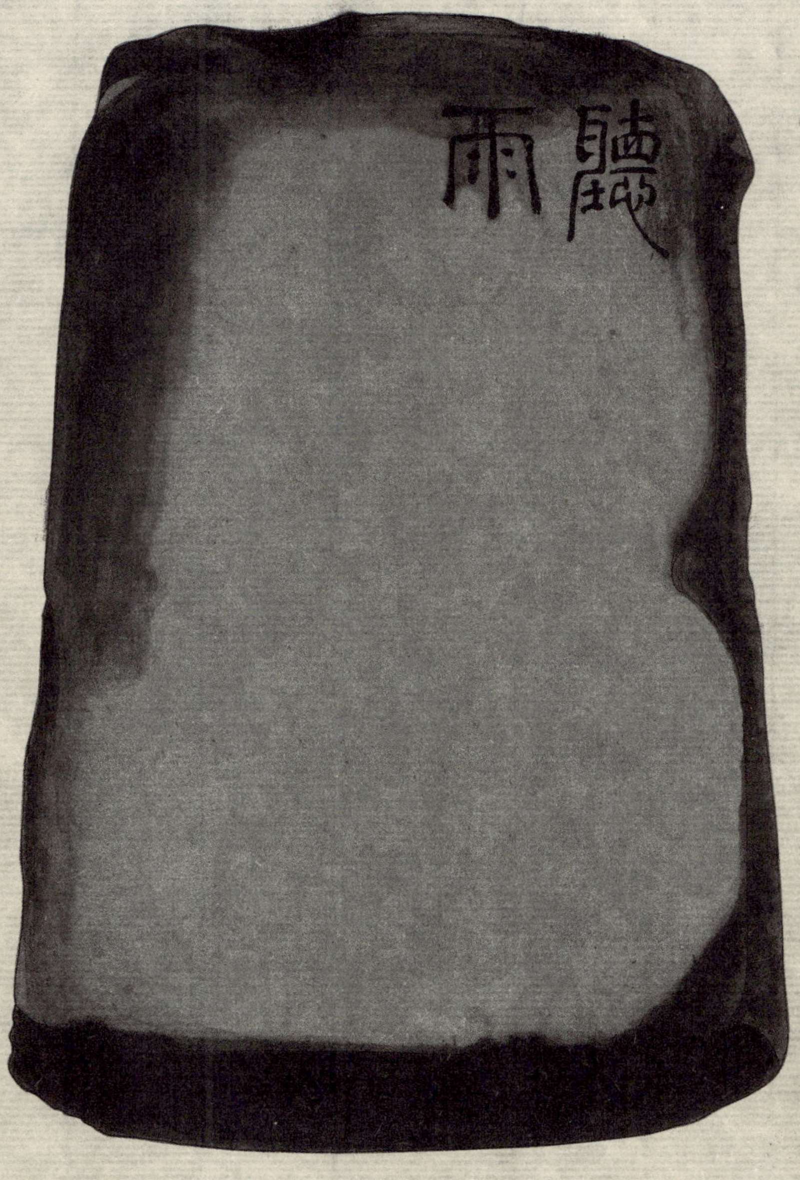

宋穫村石聽雨硯背面圖

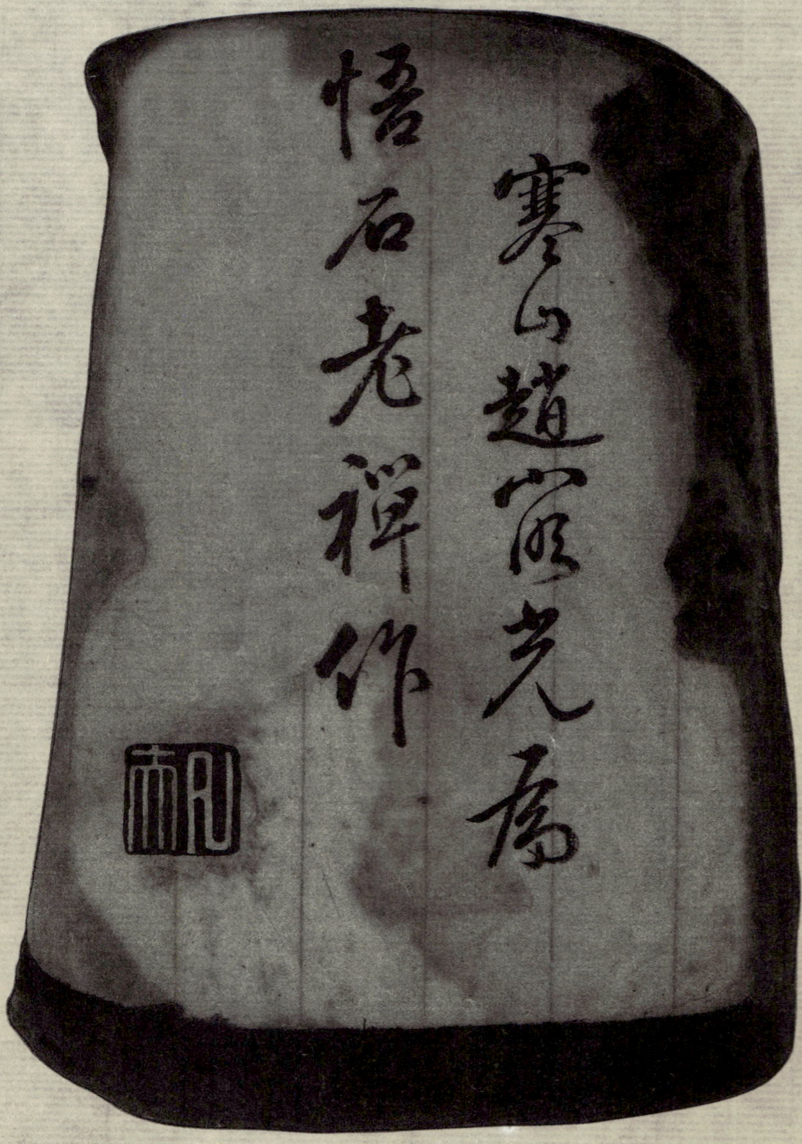

後半頁接寫說

宋藏村石聽雨硯下方側面圖

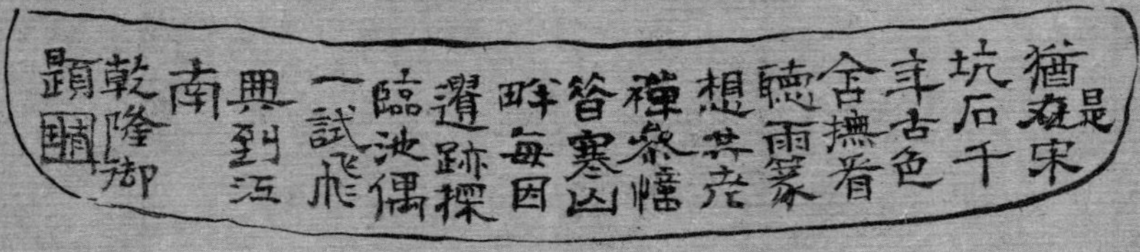

五

宋蒦村石聽雨硯說

硯高四寸七分上寬二寸八分下寬三寸四分厚七分宋蒦村石樸素天然不加雕琢硯首鐫草篆聽雨二字四側皴剥下方側鐫

御題五言律詩一首隸書鈐寶一曰太璞硯背鐫寒山趙宧光為悟石老禪作行書十一字左側有凡夫二字印考明趙宧光號凡夫長洲人善草篆悟石軒在虎邱雲巖寺内生公石側凡夫隱於寒山好

與羽流衲子往還是硯似係凡夫爲寺僧所作匣

蓋鐫

御題詩與硯同隸書鈐寶二曰乾隆

御製題宋臒村石聽雨硯

猶是宋坑石千年古色含橅看聽雨篆想共老禪叅憶

昔寒山畔每因遺跡探臨池偶一試飛興到江南

宋蔫村石鳳池硯正面圖 繪圖十分之七

八

宋臒村石鳳池硯背面圖

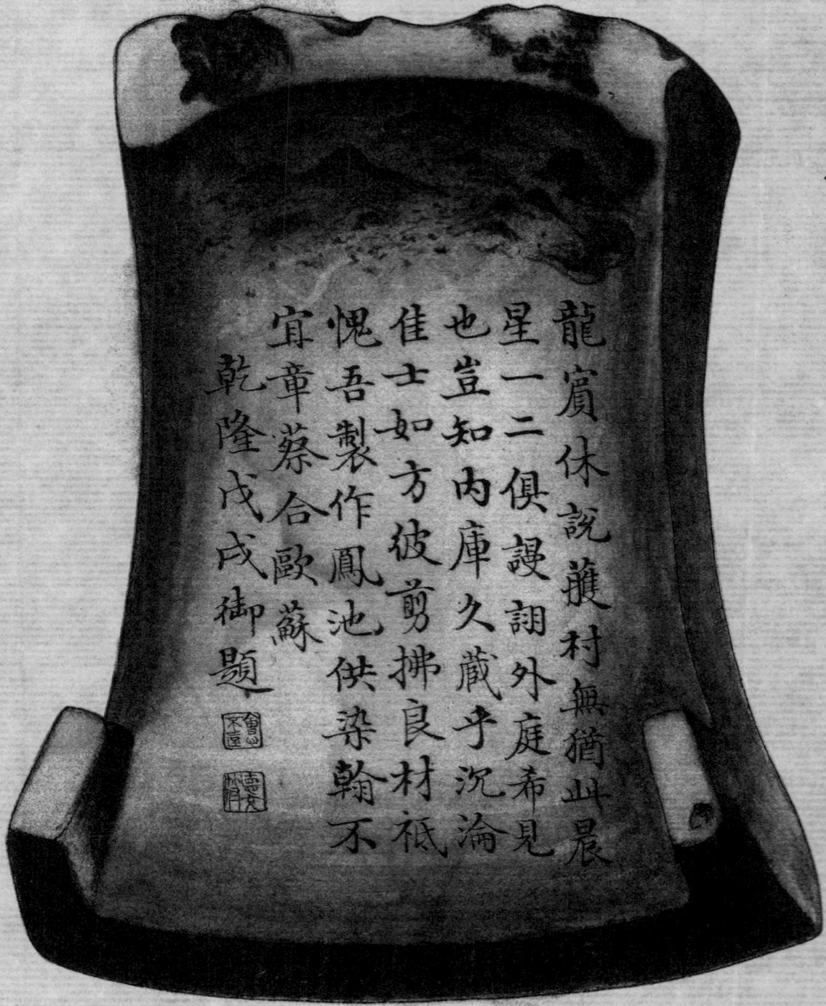
龍賓休說臒村無猶𡵉晨
星一二俱謾詡外庭希見
也豈知內庫久藏乎沉淪
佳士如方彼剪拂良材祇
愧吾製作鳳池供染翰不
宜章蔡合歐蘇
乾隆戊戌御題

宋䕶村石鳳池硯說

硯高六寸上寬三寸三分下寬四寸五分中微束厚八分許宋䕶村石也色黄而潤琢為鳳字形受墨處微窪斜入墨池為鳳池墨鏽深厚週有剥蝕古意穆然覆手穹起下為鳳足二離几約三分許

中鐫

御題詩一首楷書鈐寳二曰會心不遠曰德充符匣蓋並鐫是詩隸書鈐寳二曰比徳曰朗潤

九

御製題宋蕿村石鳳池硯

龍賔休說蕿村無猶此晨星一二俱謾詡外廷希見也
豈知内庫久藏乎沈淪佳士如方彼剪拂良材祇愧吾
製作鳳池供涂翰不宜章蔡合歐蘇

元趙孟頫松化石硯正面圖 繪圖十分之八

元趙孟頫松化石硯背面圖

元趙孟頫松化石硯説

硯高約五寸寬三寸五分許厚一寸五分松化石

為之木理猶存黄黑相間面正平可以受墨背及

四周皆天然不加礱琢凝膩如松脂背鐫

御題銘一首楷書鈐寶二曰比德曰朗潤匣蓋内並鐫

是銘隸書鈐寶二曰會心不遠曰德充符外鐫元

趙孟頫識語及銘八十三字後有子昂二字款俱

行書下有松雪二字楕圓印一考松化石唐六帖

十三

載回紇有康干河斷松投之三年化爲石色黄節

理猶在硯或即是石也

御製[illegible]元趙孟頫松化石硯銘

松化石須千年松花有詎康干松雪翁銘識旃三合一妙理詮木之理尚依然水中變膏受全勝溪石取於端弗礱琢存厥天十三行書以傳茲用茲審愧焉

趙孟頫銘識　硯材以端溪良取其産水穴膏潤久能澤墨故予獲一松化石莫知所自相傳松入水千年乃化其渟滀滋液較端溪為勝用作硯其宜曰為之銘銘曰　歲寒節久弗失水所洎留其

蘖玉為質温而栗鳳咮羅紋罕與匹

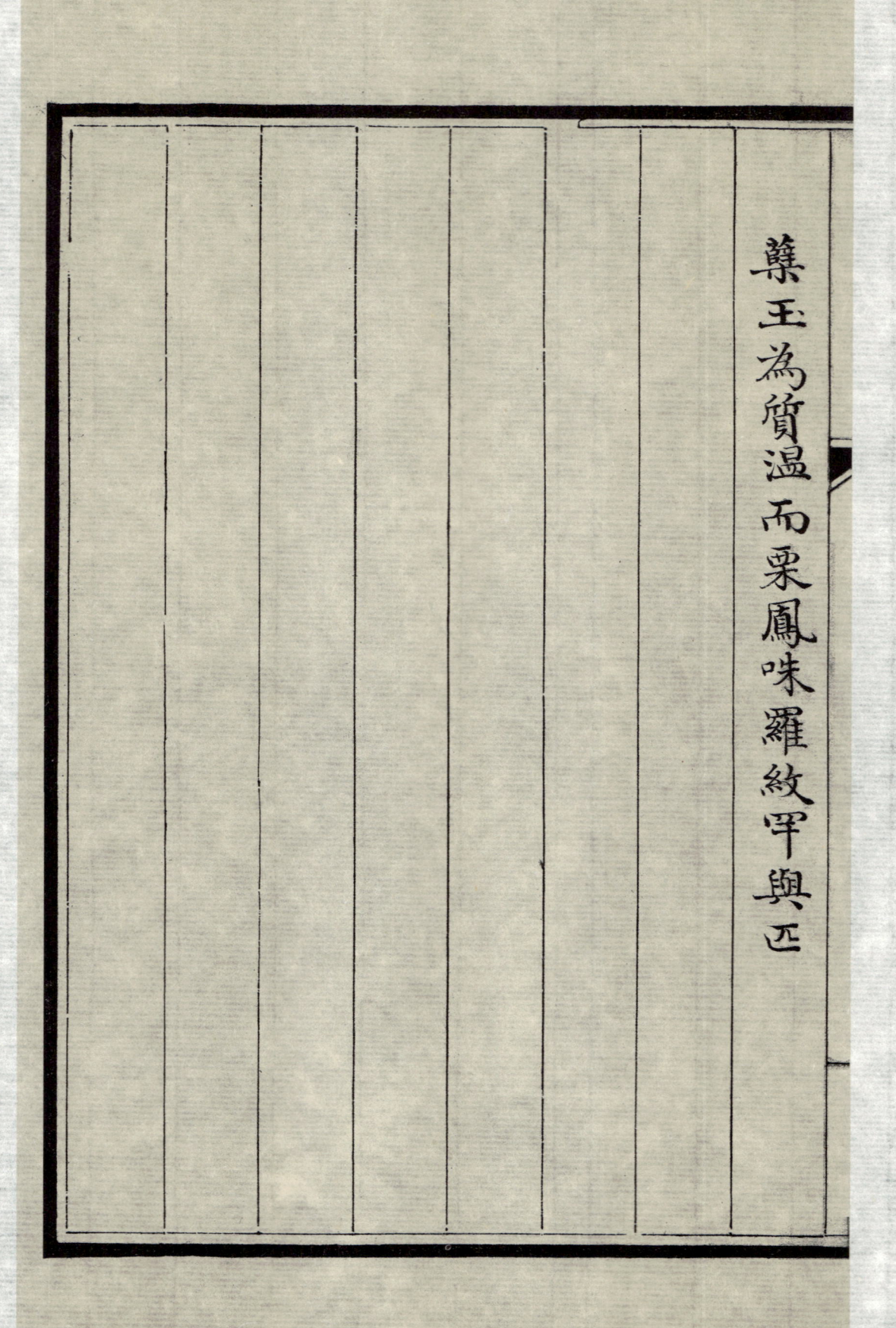

元黄公望癡菴硯正面圖 繪圖十分之六

元黄公望癡菴硯背面圖

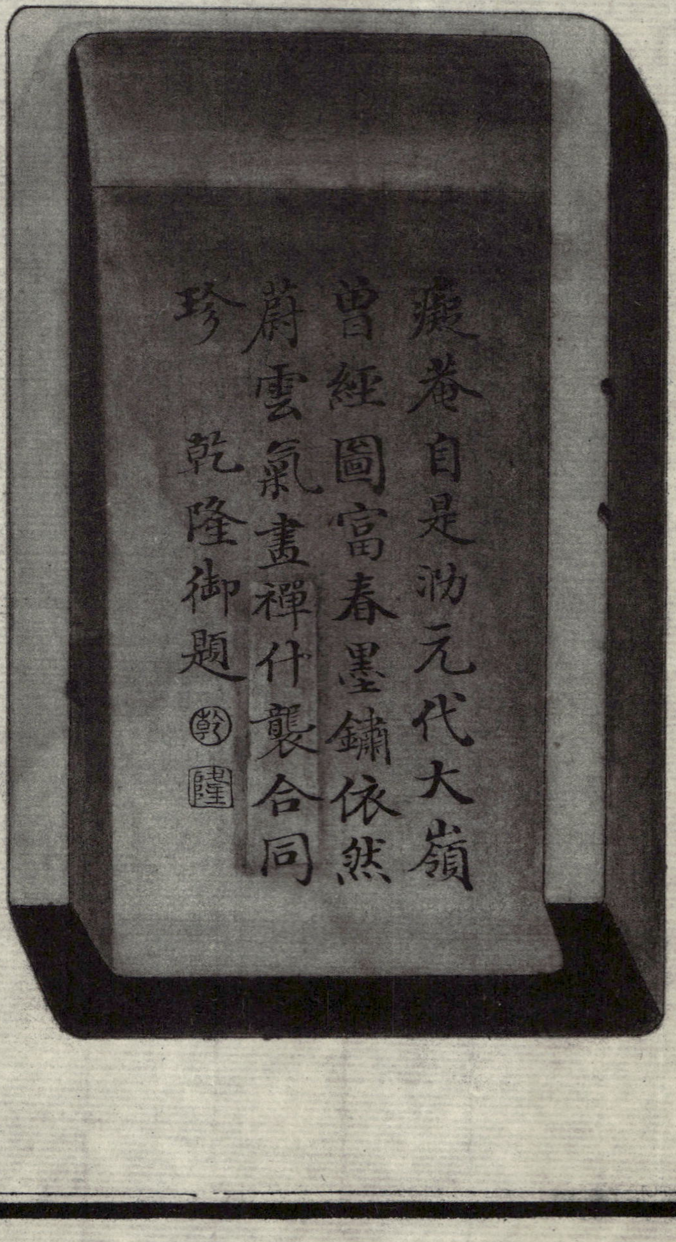

元黄公望癡菴硯右方側面圖

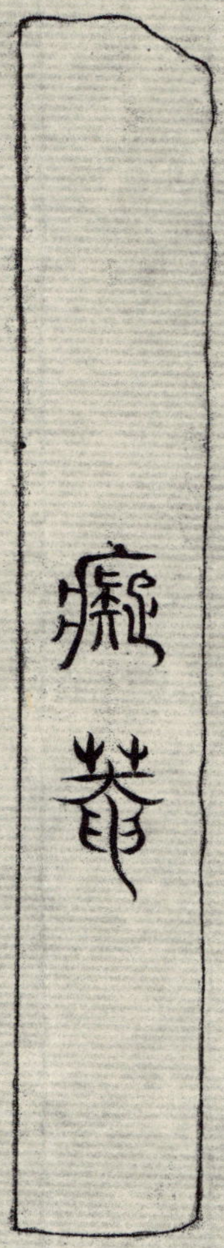

十五

元黄公望癡菴硯説

硯高七寸寬四寸五分厚九分端溪下岩舊坑石也質理堅緻如蒼玉墨鏞深裏光可以鑑受墨處窪深寸許蓋久供研墨所致周有剥蝕右側鐫癡菴二字篆書覆手上寸許平坦下斜削兩跗離几四分許中鐫

御題詩一首楷書鈐寶二曰乾隆亜盖並鐫是詩隸書鈐寶同考元黄公望字子久號大癡道人癡菴或

其所署欵也

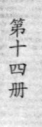

御製題元黄公望癡菴硯

癡菴自是洳元代大嶺曾經圖富春墨鏽依然蔚雲氣

畫禪什襲合同琢

元釋海雲端石硯正面圖 繪圖十分之八

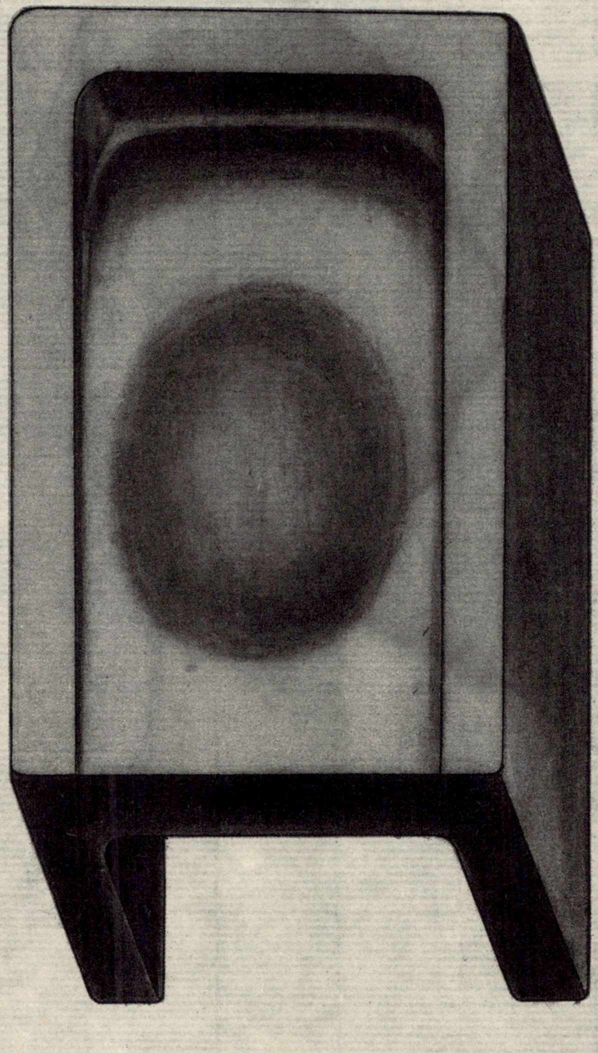

元釋海雲端石硯背面圖

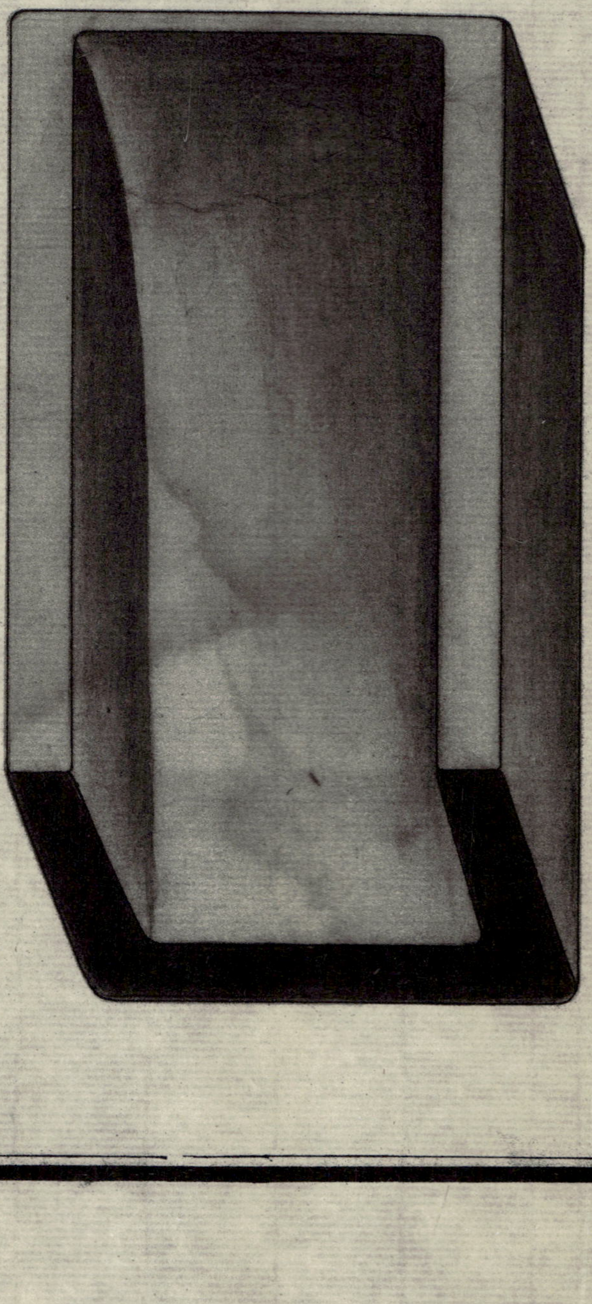

元釋海雲端石硯側面圖

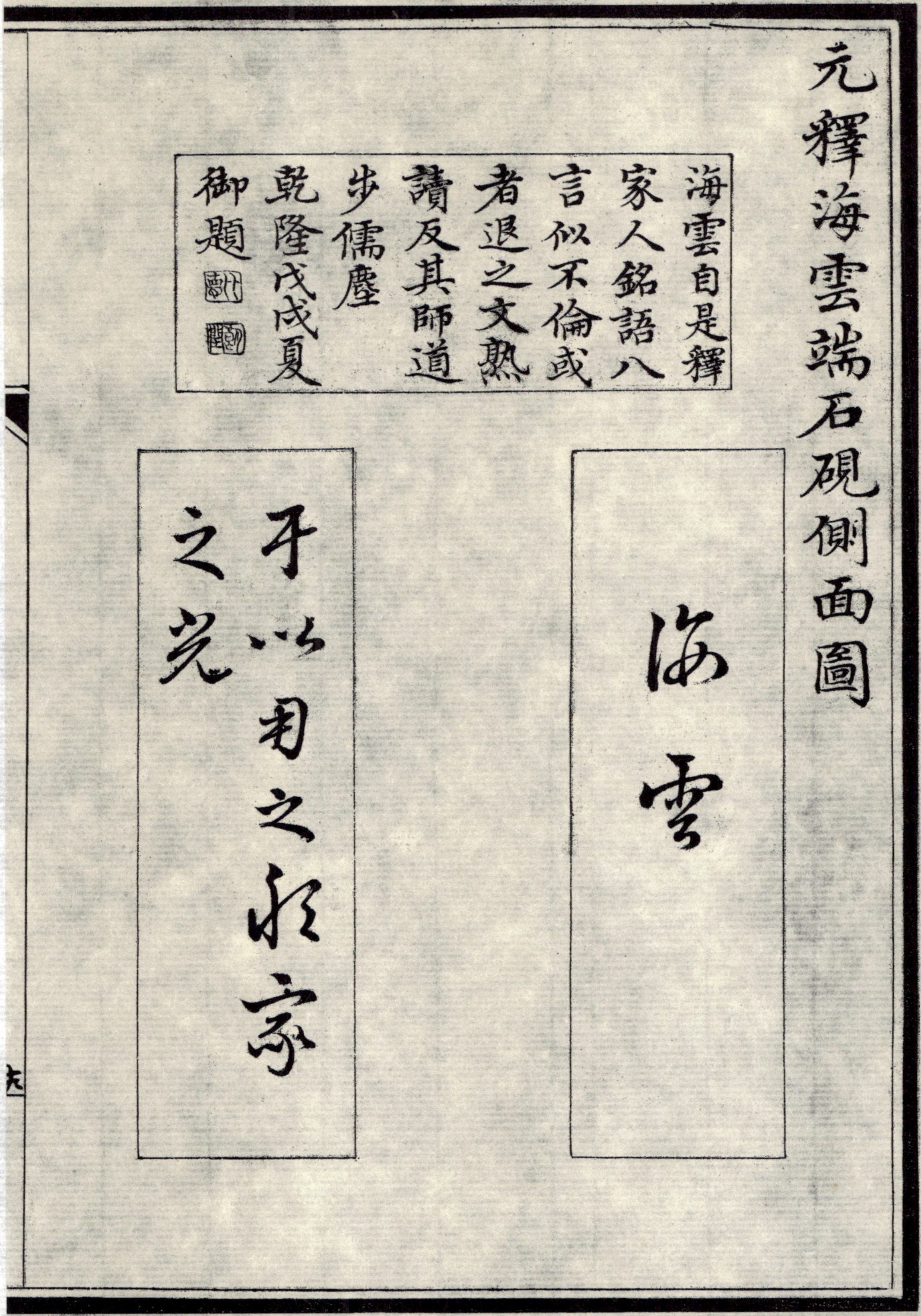
海雲自是釋家人銘語八言似不倫貮者退之文熟讀反其師道步儒塵
乾隆戊戌夏
御題
海雲
手以用之於家
之光

元檡海雲端石硯説

硯高四寸四分寬二寸八分厚一寸五分老坑端石堅潤宜墨受墨處久用成臼池中墨鏽凝結斑駁奇古覆手兩跗離几一寸餘右側面鐫銘于以用之邦家之光八字左側鐫海雲二字款俱行草書上方側鐫

御題詩一首楷書鈐寶二曰比德曰朗潤匣蓋並鐫是詩隸書鈐寶二曰會心不遠曰德充符考書畫譜

稱元僧海雲工畫是硯式即其所經用也

御製題元釋海雲端石硯

海雲自是釋家人銘語八言似不倫彧者退之文熟讀

反其師道步儒塵

元澂松硯正面圖

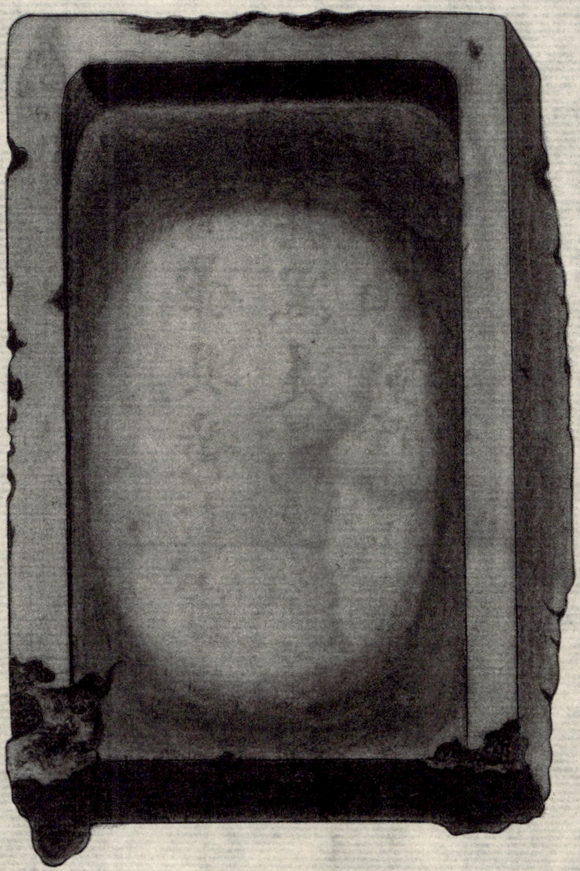

三十二

元製松硯背面圖

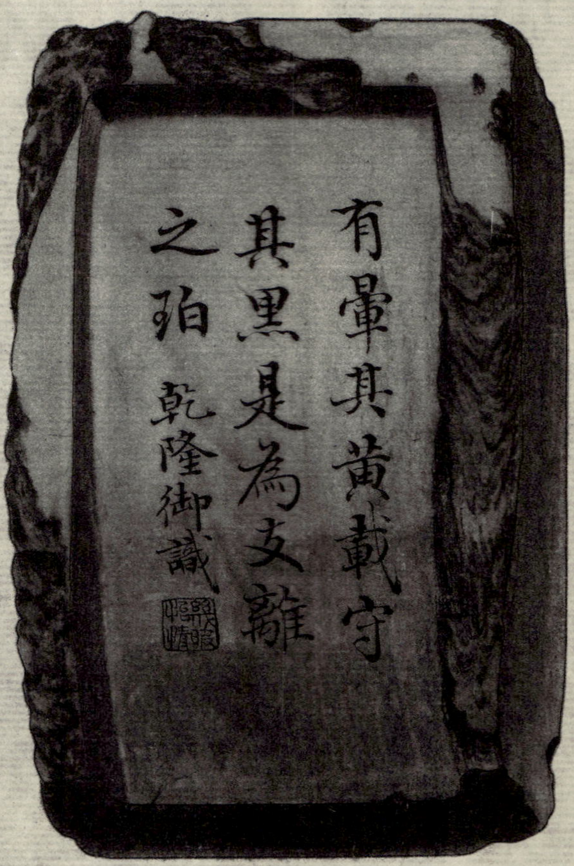

元凝松硯側面圖

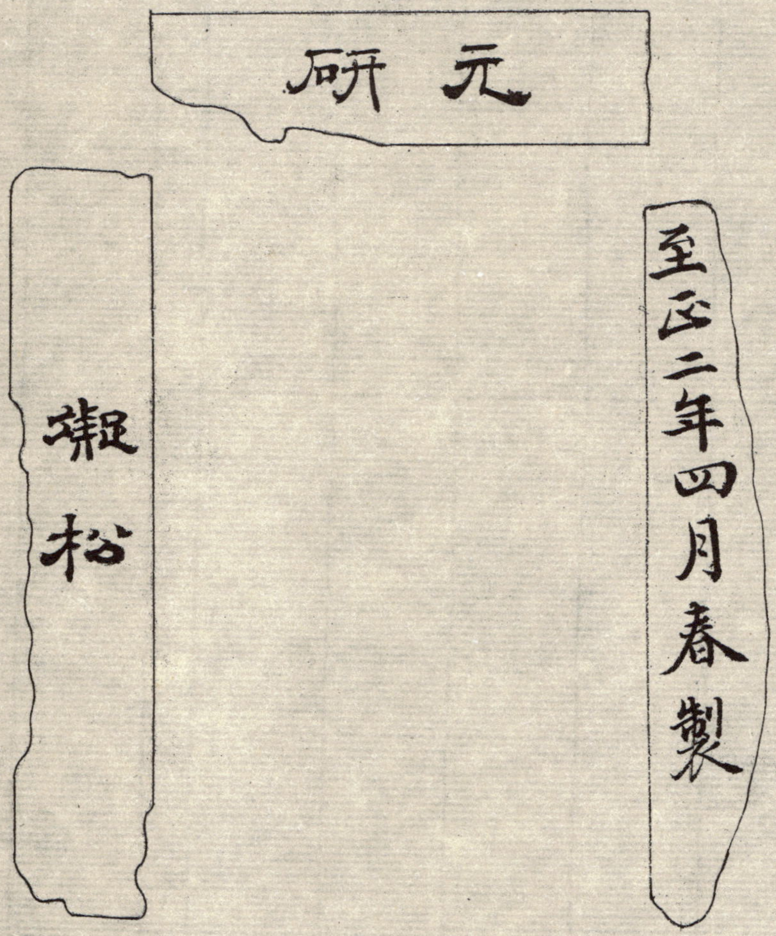

二十三

元凝松硯說

硯高三寸五分寬二寸四分厚七分老坑端石也

硯面斑駁下方左角刓缺受墨處斜通墨池左側

鐫至正二年四月春製八字行書右側鐫凝松二

上方側鐫元研二字俱

字隸書硯背覆手處鐫

御題銘一首楷書鈐寶一曰幾暇怡情上左右俱刓缺

是硯石色黄紫相間如老松之鱗墨鏽凝褁彌復

古穆似宋石而元製者款署曰春當是人名以不

著姓無可考匣蓋外鐫
御題銘楷書鈐寶並與硯同内鐫元硯二字隸書匣底
内鐫凝松二字隸書鈐寶一曰乾隆御玩外鐫標
識曰癸楷書

二十四

二十五

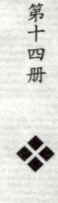

元凝松硯說

硯高三寸五分寬二寸四分厚七分老坑端石也
硯面斑駁下方左角剥缺受墨處斜通墨池左側
鐫至正二年四月春製八字行書右側鐫凝松二
字隸書其背鐫元硯二字俱[illegible]

著錄無可考匣蓋外鐫
御題銘楷書鈐寶並與硯同內鐫元硯二字隸書匣底
內鐫凝松二字隸書鈐寶一曰乾隆御玩外鐫標
識曰癸楷書

二十四

御製元凝松硯銘

有暈其黄，載守其黑。是爲支離之珀。

二十五

明楊士奇舊端子石硯正面圖 繪圖十分之八

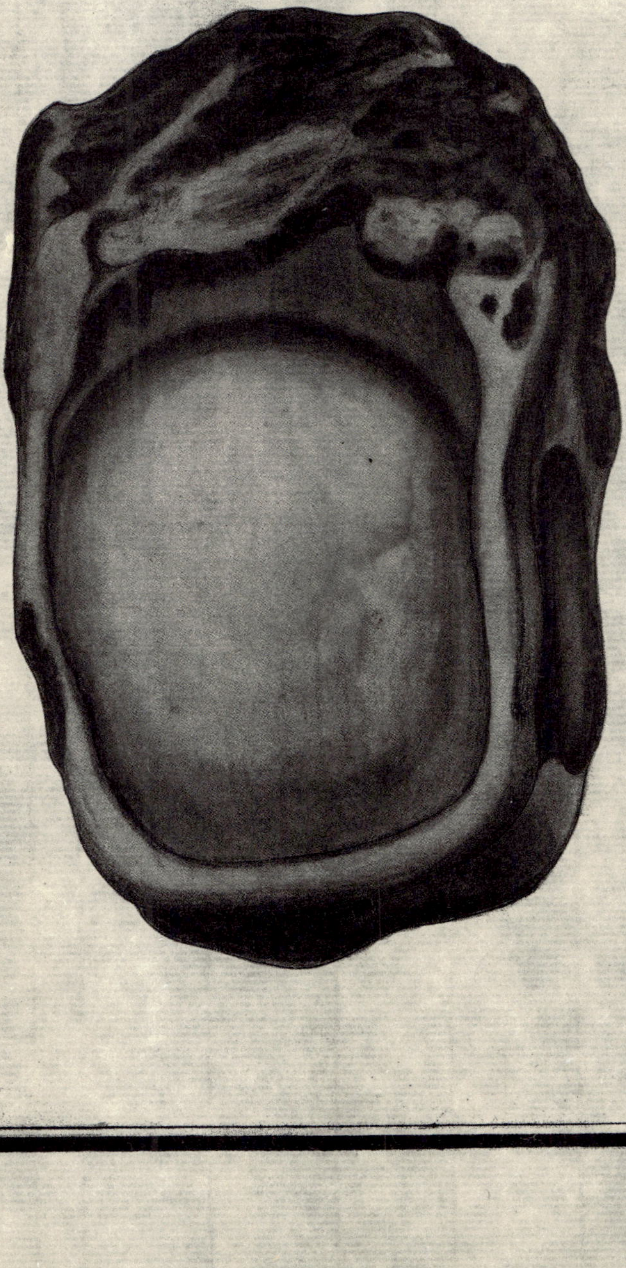

明楊士奇舊端子石硯背面圖

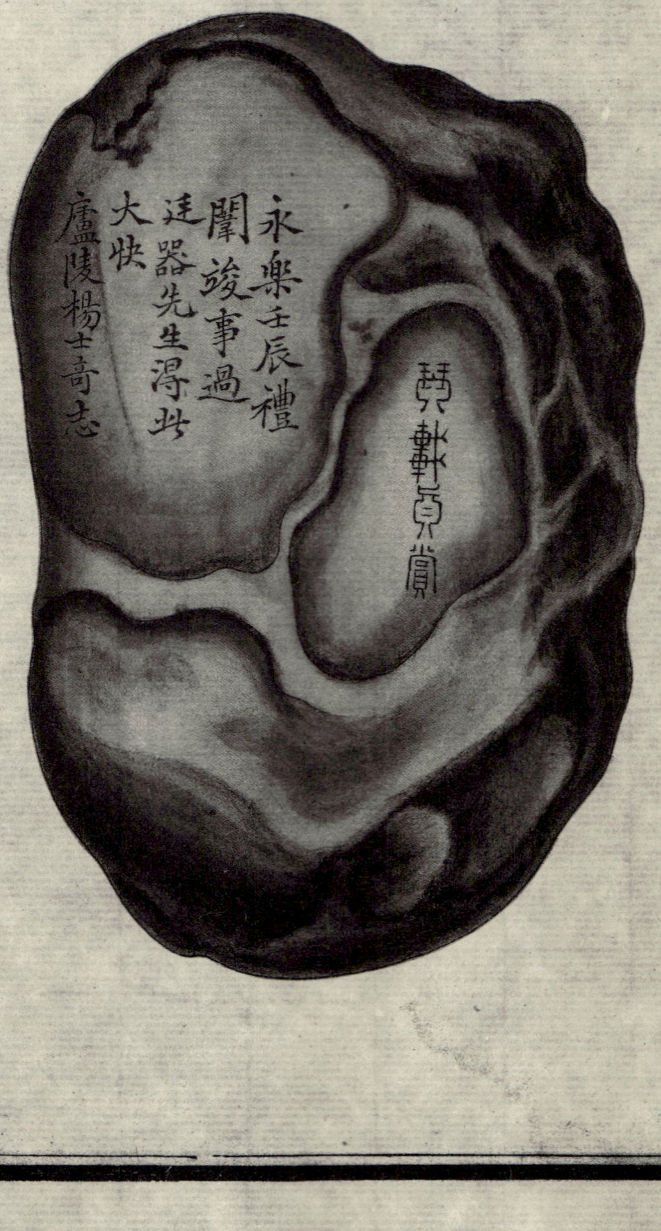

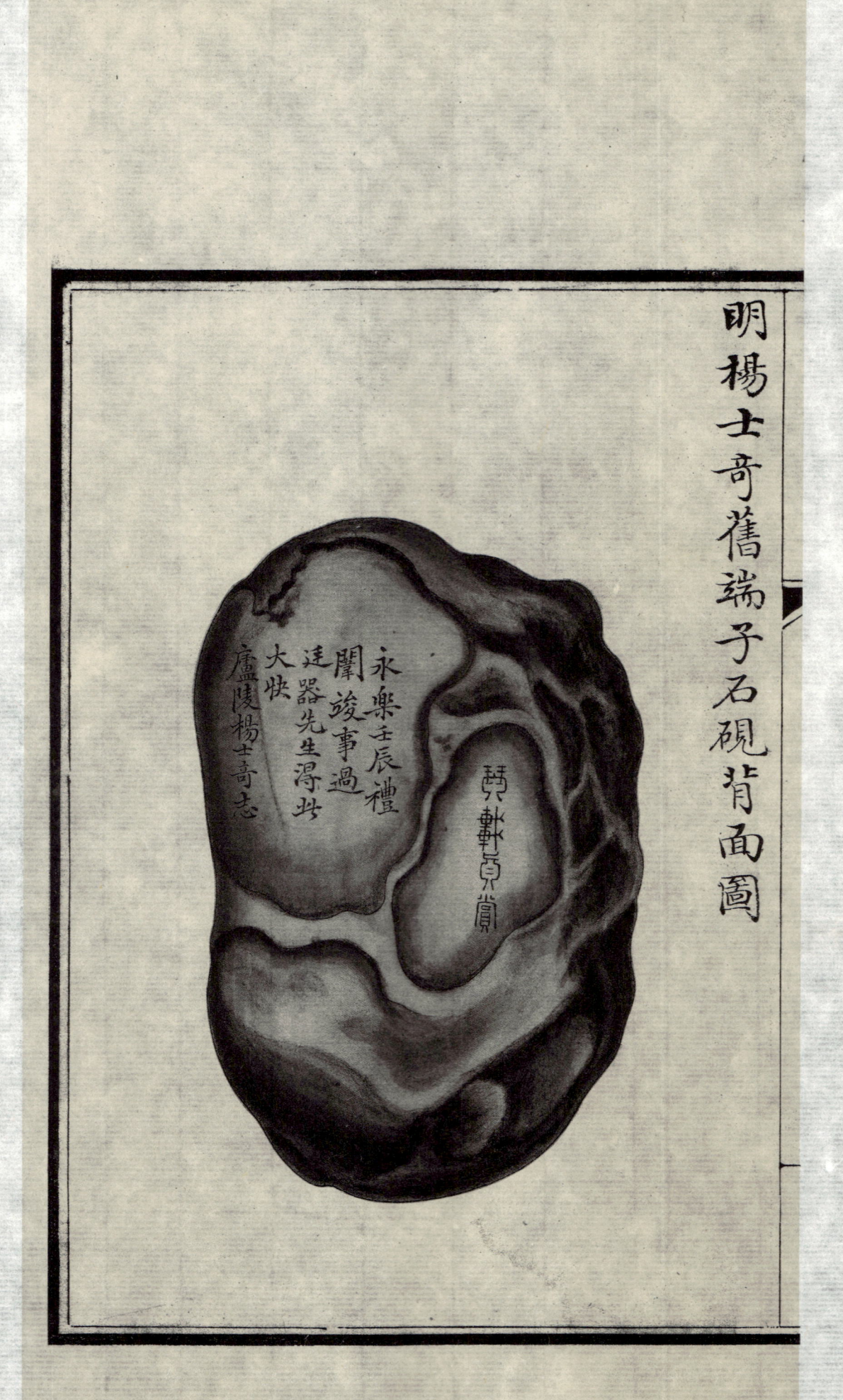

明楊士奇舊端子石硯側面圖

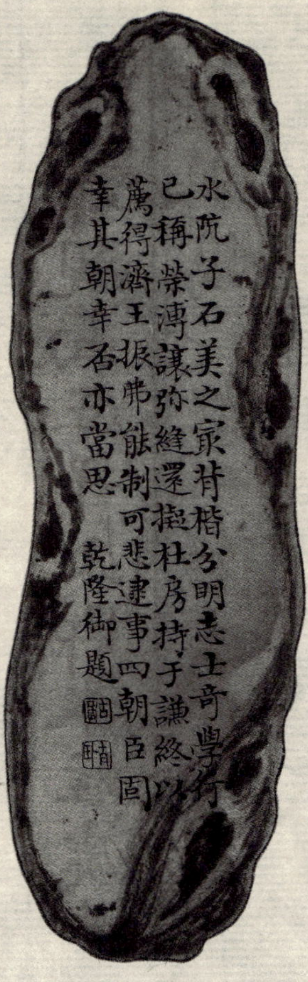
水阬子石美之家背楷兮明志士奇學行
已稱榮溥讓弥縫還擬杜房持子謙終以
薦得濟王振弗能制可悲逮事四朝臣固
幸其朝幸否亦當思
乾隆御題

明楊士奇舊端子石硯說

硯高五寸寬三寸三分許厚一寸三分許舊端溪水岩子石也天然皴皺略加礱治特多古意色黝紫細膩潤澤硯面正平上即水蛀處為墨池甚深曲有致右側鐫

御題詩一首楷書鈐寶二曰古香曰太璞匣蓋並鐫是詩隸書鈐寶二曰比德曰朗潤硯背水紋内右方鐫琴軒真賞四字篆書左上方鐫永樂壬辰禮闈

竣事過廷器先生得此大快十七字後署廬陵楊
士奇志六字並楷書考明史楊士奇江西泰和人
建文時以辟名入翰林永樂初入直文淵閣累官
至華蓋殿大學士謚文貞又明詩姓名爵里考載
陳璉字廷器廣東東莞人洪武時以明經薦官國
子監助教永樂中累官南京禮部侍郎是硯當為
廷器自家山攜至京邸者壬辰為永樂十年是時
尚未都燕京故士奇於撤棘後過之得此硯也

三十六

御製題明楊士奇舊端子石硯

水阬子石美之寂背楷分明志士奇學行已稱榮溥讓

彌縫還擬杜房持于謙終以薦得濟王振弗能制可悲

逮事四朝臣固幸其朝幸否亦當思

明唐寅龍尾石瓦式硯正面圖 繪圖十分之七

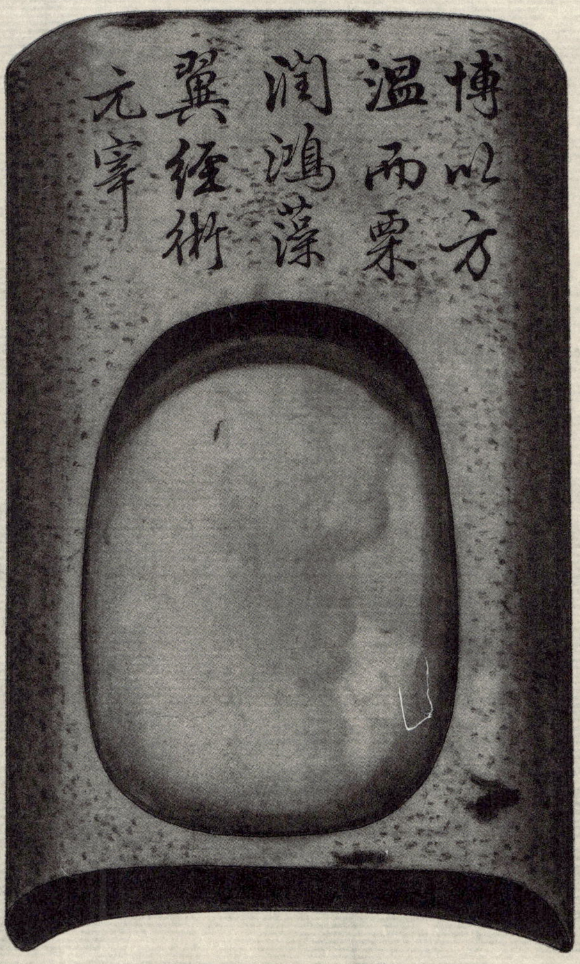

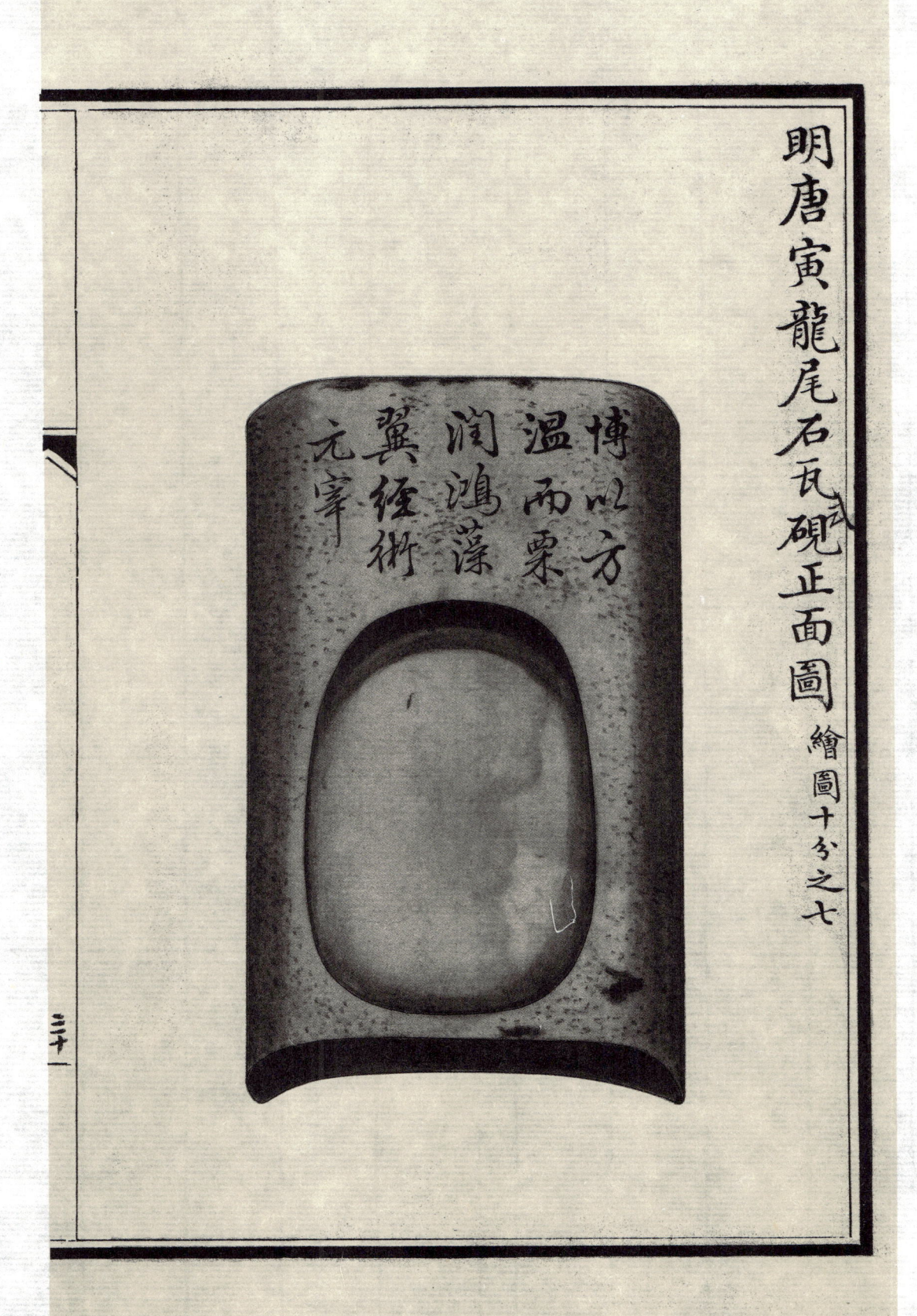

明唐寅龍尾石瓦硯背面圖

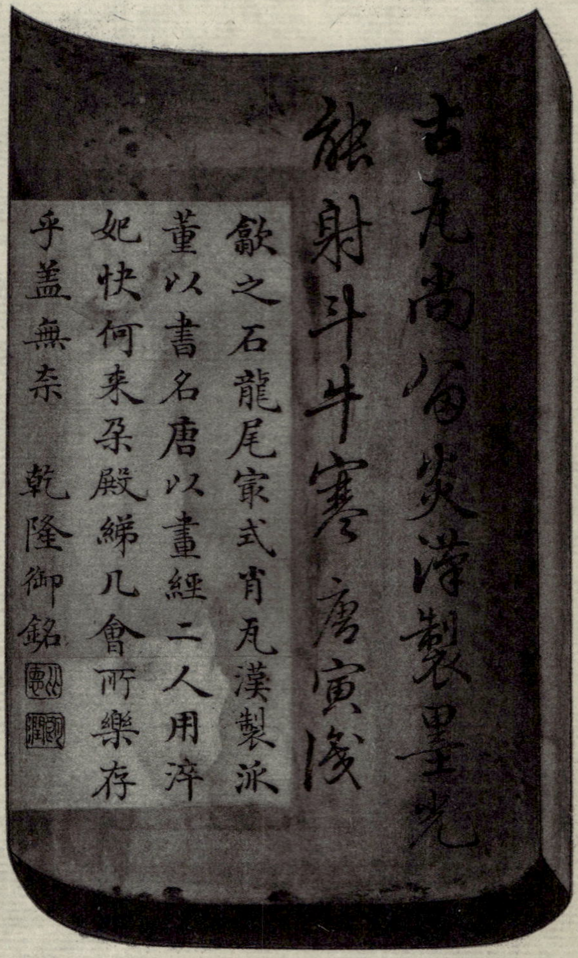

明唐寅龍尾石瓦硯說

硯高五寸七分寬三寸三分厚三分舊歙溪龍尾石也潤、如蒼玉微有剥蝕痕琢為瓦式體微穹離几三分許硯面仿海天初月硯式上方鐫明董其昌銘十二字署元宰二字款俱行書硯背左方鐫

御題銘一首楷書鈐寶二曰古香曰太璞右方鐫唐寅銘十四字署唐寅識三字俱行書匣蓋鐫

御題銘與硯同行書鈐寶二曰幾暇怡情曰得佳趣匣

底鐫[鋅]寶一日乾隆御玩

御製唐寅龍尾石瓦硯銘

歙之石龍尾最式肖瓦漢製派董以書名唐以畫經二人用淬妃快何来朶殿綈几會所樂存乎盖無忝

唐寅銘　古瓦尚留炎漢製墨光能射斗牛寒

董其昌銘　博以方溫而栗潤鴻藻翼經術

明李夢陽端石圭硯正面圖 繪圖十分之五

御製題明李夢陽端石圭硯

二銘獻吉語鐫奇有眼緣何無眼之跅弛既稱能負氣

對山救我氣胡畀

明李夢陽銘　世以眼貴而汝無此人其瓦礫汝

又　台端若方汝式盧内汝式越若鈍静亦乃式

乃磨不磷涅不淄允缺在兹相台

三十六